Hendrik Heidler

GANZHEITLICHE
GESUNDHEIT

individuell und gemeinsam

Mit Vergleich
von Schulmedizin und alternativen Heilmethoden

Reif für den Narrensprung

Über den Autor

Hendrik Heidler, geboren 1961, wohnt seither in Scheibenberg/Erzgebirge; Dipl.-Ing. für Elektronik; Konstrukteur in Forschung und Entwicklung; Nach 15 Jahren Aufgabe seines Unternehmens für neuen Lebensweg: Ausbildung in Klassischer Homöopathie; Heilpraktik, Phytotherapie, Hospiz, Spiritueller Medizin sowie Intensivweiterbildung/Ausbildung, Erfahrung und Einweihung in lebendigem Schamanismus; seit 2008 in eigener TraumzeitPraxis tätig; Kräutermann, Geschichtenerzähler und Buchautor; Durchführung von Kräuterführungen, Bildvorträgen und Märchenstunden; Vater von fünf Kindern.

4. erweiterte Auflage, 2020
Copyright © 2020 Hendrik Heidler, Scheibenberg

Bibliografische Information der Deutschen Nationalbibliothek: Die Deutsche Nationalbibliothek verzeichnet diese Publikation in der Deutschen Nationalbibliografie; detaillierte bibliografische Daten sind im Internet über www.dnb.de abrufbar.

Gesamtgestaltung: Hendrik Heidler
Titelfoto: shutterstock/S. Myshkovsky
Herstellung und Verlag: BoD – Books on Demand, Norderstedt
Made in Traumzeit
ISBN:978-3750496767

www.hendrik-heidler.de

INHALTSVERZEICHNIS

VORWORT
INDIVIDUELLE GESUNDHEIT

„Eigentlich habe ich es geahnt, aber was sollte ich denn sonst machen?", ist ein häufig geäußerter Gedanke, wenn klinische Therapien einen nicht weiter bringen. Die werden häufig überzeugend oder drohend als einzige Chance der Heilung angepriesen. Dabei wird auf Unwissenheit, Angst und Hilflosigkeit gesetzt.

Aber ist es wirklich wahr, dass allein schulmedizinische Wege (Chemotherapie, Strahlenbehandlung, chirurgische Eingriffe, Prothesen u.a.) richtig sind? Und weshalb werden andere Wege kategorisch ausgeschlossen, wenn der Leidende mit den klinischen Methoden als „austherapiert" gilt, obwohl in Alternativen eine Chance liegen könnte?

Unbegreiflicherweise wird nach schlimmen Diagnosen häufig enormer Zeitdruck aufgebaut, durch Fachwissen verunsichert und mit dem verführerischen Argument geworben, nach der klinischen Therapie könne es so weiter gehen wie vorher. Viele Patienten chronischer und lebensbedrohlicher Erkrankungen berichten, sie seien durch dieses autoritäre Auftreten ängstlich verwirrt gewesen und hätten nicht mehr gewusst, was sie wirklich glauben sollten. Aus diesem Grund haben sie sich aufs „Übliche" verlassen, was sie jetzt oft bereuen.
Soweit muss es nicht kommen, es gibt nachvollziehbare Überlegungen, um unbeeinflusst von medizinischer Autorität und üblichen Gewissheiten eigene, freie Entscheidungen treffen zu können.

Dafür bedarf es der Bereitschaft, die alltäglich gewohnten Gedankengebäude einmal auf den Kopf zu stellen und sich neue Fragen zu stellen, bevor sich unters Messer gelegt wird oder man sich chemisch ruhig stellen lässt. Eine solche Frage ist zum Beispiel die: *Was macht es für einen Sinn, Vitalität zu schwächen, um damit Lebendigkeit zu befördern?* Leben ist immer konkret und sinnlich, und nur anhand dieser beiden Kriterien kann tatsächliches Heilen bemessen werden.

In diesem Sinne lade ich Sie auf eine erstaunliche, womöglich auch aufwühlende Reise ein, die gewohnten Orte im Lande der schulmedizinischen Schubladen zu verlassen, um neue Möglichkeiten eines gesunden, sinnerfüllten und belebten Lebens zu entdecken.

Dass dabei nicht alle Winkel ausgeleuchtet werden können, liegt in der Natur eines als Übersicht gedachten Vergleichs schulmedizinischer und alternativer Heilansätze.

1. EIN GEDANKE ALS ANLIEGEN

Wenn das Leben sich in Jahrmilliarden ohne Schulmedizin hervorgehen, erhalten und gar immer erstaunlicher entwickeln konnte, dann muss es andere Kriterien für Gesundheit und Heilung geben als „landläufig" verkündet wird. Diesen nachzuspüren ist Anliegen dieses Heftes.

2. GEGENÜBERSTELLUNG SCHULMEDIZINISCHER UND ALTERNATIVER HEILANSÄTZE

Hierbei geht es nicht um Ausschließlichkeiten, sondern um eine vergleichende Bestandsaufnahme, wie Leben in Fluss bleiben, es unterdrückt wird und wieder ins fließen gebracht werden kann. Insbesondere weise ich darauf hin, das in lebensbedrohlichen Zuständen, bei anders nicht zu lindernden unerträglichen Schmerzen und insbesondere in gewaltsam herbeigeführten Notfällen jedes lebensvertretbare Mittel geprüft und eingesetzt werden sollte, auch ein schulmedizinisches.
Bevor die Unterschiede zwischen Schulmedizin und natürlichen Heilansätzen gefunden und gegenüber gestellt werden können, ist auf das zu schauen, was wir Leben nennen.

Grundsätzlich vollzieht sich Leben auf allen Ebenen in drei darstellbaren, sich wiederholenden Schritten, Stoffwechsel benannt:

— Aufnahme – Wandlung – Abgabe —

Individuell ist es eine Art geradliniger Durchlauf des Stoffwechsels, doch als Leben insgesamt ist es ein auf sich selbst zurückgekoppelter und in sich geschlossener Prozess, der sich wie ein sich entwickelnder Kreislauf mit der Zeit bewegt. Das könnte so dargestellt werden:

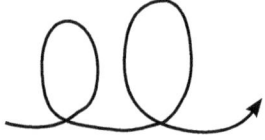

oder so:

Zur Gewährleistung der vorstehend beschriebenen Stoffwechselvorgänge (als sich stetig vollziehen müssende Prozesse) ergeben sich, wenn nicht Krankheit und Tod die Folge sein soll, unverhandelbare Bedürfnisse des Lebens wie:

- Essen
- Trinken
- Wohnen
- Schlafen
- Schützen
- Gemeinschaft
- Fortpflanzung

Diese vollziehen sich grob unterteilt in folgenden Stoffwechselbereichen (auf verschiedenen körperlichen, energetischen, geistig-seelischen Ebenen):

- Nahrungsstoffwechsel
- Hormonstoffwechsel
- Immunstoffwechsel
- „Geiststoffwechsel"
- „Spiritueller Stoffwechsel"

Wobei der Begriff „Stoff"- hier als Kategorie und nicht als materieller Ausdruck zu verstehen ist.

Somit erschließen sich hieraus leicht Kriterien, wie Leben befördert aber auch behindert werden kann:

• Leben ist sinnlich-konkret, was heißt, es kennt keine Verallgemeinerungen (Abstraktionen), nach denen es sich zu richten hat.

Leben hat sich demnach an sich selbst zu orientieren.

Bedürfnisse sind daher ebenso sinnlich-konkret, also direkt ohne Vermittlung zu befriedigen.

• Leben ist damit unendlich vielfältig und jedes einzelne somit einzigartig.

Leben kann daher nicht in verallgemeinerte Formen gepresst werden.

Die Bedürfnisbefriedigung kann und darf durch diese unendliche Vielfalt nur unvermittelt erfolgen. Alle Vermittlung zwischen Bedürfnissen und deren Befriedigung (siehe Finanzierbarkeitszwang) verhindert individuelle Einzigartigkeit und damit Lebendigkeit.

Ähnliche Erkrankungen können nicht mit gleichen Medikamenten behandelt werden.

• Leben ist nur in stetiger Wandlung möglich. Stillstand ist gleich Nichtleben. Im weitesten Sinne trifft dies für die gesamte Welt (=Natur) zu.

Sich immer wieder aufs neue wiederholende Abläufe, erzwungen durch wirtschaftlich-technisch-kulturelle „Notwendigkeiten" und nicht durch die Lebensbedürfnisse, lassen Leben ersterben.

Leben muss sich also in die Lage versetzen, die drei Wandlungsphasen des Stoffwechsels ohne Widerstand, Verzerrung und Aussetzung einzelner Bereiche vollziehen zu können. Das gilt auch und gerade für den Menschen in Gemeinschaft und in bewusster Gestaltung.

2.1 Schulmedizin

Ein Blick auf die gegenwärtige Daseinsweise zeigt, dass nicht die direkte, sinnlich-konkrete Bedürfnisbefriedigung im Mittelpunkt steht, sondern im Gegenteil die Vernutzung, also die Verwertung von Leben für einen abstrakt-unsinnlichen und damit indirekten Selbstzweck. Kurz ausgedrückt, müssen die Bedürfnisse unterdrückt werden, um das Leben finanzieren zu können. Das ist paradox in höchstem Maße und eine unwürdige Zumutung für Mensch und Natur.

Dieser Selbstzweck wird aus generationenübergreifender Gewohnheit als Naturgesetzlichkeit empfunden und somit auf allen Ebenen alltäglich unbewusst vollzogen, auch und gerade im Reich des schulmedizinischen Wirkens. Schulmedizin und wirtschaftlicher Selbstzweck befördern sich miteinander, indem sie zunehmend vom Leben selbst entfernen. Hier wie dort stehen Prinzipien, abstrakte Prozesse und Begrifflichkeiten über der sinnlich-konkreten Wahrnehmung des Seins. Nicht Bedürfnisse gilt es zu befriedigen, sondern wirtschaftliche und ideologische Notwendigkeiten.

Demzufolge kann Schulmedizin – als ein Ausdruck dieses Selbstzweckes und als Mittel, um dessen „reibungsloses" Funktionieren zu gewährleisten – grundsätzlich nicht heilen, sondern höchstens reparieren (die Ausnahme bestimmt die Regel). Das wird zumeist als fortgesetzte Unterdrückung der natürlichen Selbstheilungskräfte in Form zunehmender Verschlechterung erlebt und um den Preis weiteren Leidens (Nebenwirkungen u.a.) erkauft – eben dem Selbstzweck der Geldvermehrung zum Wohle.

Trotzdem greift die Mehrheit der Menschen auf die Schulmedizin zurück. Weshalb?

• Vorteile der Schulmedizin

Sie ist mit der allgemeinen Daseinsweise unbewusster Vernutzung von Leben höchst passgenau, weil Teil davon. Damit erscheinen ihre Methoden plausibel, so verrückt sie sein mögen. Wir sind daran gewöhnt.

• Schulmedizin verspricht, den Ausgangszustand vor dem Leiden wieder herzustellen. Das ist verlockend, beinhaltet dies doch, Opfer zu sein und somit selbst nichts tun zu müssen.

• Die alltäglichen Erfordernisse der Lebensfinanzierbarkeit erzwingt schnelle Reparatur, um (einfach ausgedrückt) sofort wieder arbeiten und Geld verdienen zu können.

• Es wird von ihr der Glaube an Wunder vermittelt, auch wenn sie in der Sprache rationaler Wissenschaft daher kommt.

• Vermeintliche Vermeidung von anstrengenden Wandlungsphasen bzw. der Verhinderung von Änderungen des Gewohnten.

• Schulmedizinische Behandlungen wirken meist sofort, was gern gesehen und ebenso gern als Heilwirkung fehlinterpretiert wird. Gewalt ist eben schnell spürbar, auch und gerade als Unterdrückung, weil damit auch Sinnesreize unterdrückt werden!

Somit werden bereits vom Ansatz her mit schulmedizinischen Methoden die Bedürfnisse des Lebens und somit die lebenseigenen Selbstheilungskräfte behindert bzw. ganz unterdrückt, um (angeblich) Leben und Selbstheilungskräfte zu befördern.

Übrigens:
Gäbe es diese, in Jahrmilliarden bewährten Selbstheilungskräfte nicht, heilte keine einzige Operationswunde. Leben existierte nicht.

Daraus ist die aktuelle Anmaßung erkenntlich, dem Leben müsse mit Gewalt auf die Sprünge geholfen werden!

2.2 Natürliche Heilwege

Natürliche Heilwege sind alle die, die vorstehende Kriterien und Bedürfnisse des Lebens beachten, erhalten und befördern. Damit ist nicht alles, was Naturheilkunde oder Alternativmedizin heißt, ein natürlicher Weg zur Gesundheit. Das ist außerordentlich wichtig zu beachten, weil auch z. B. pflanzlich, homöopathisch Leben unterdrückt werden kann.

Es kommt also immer auf die Absicht und die sinnlich-konkrete und damit direkt-individuelle Herangehensweise unter Beachtung des reibungslosen Stoffwechsels an. Die beinhaltet natürlich nicht nur den Stoffwechsel in Phasen der Gesundheit sondern auch in Phasen der Wandlung bzw. der Erkrankung.

Geht schulmedizinisches Denken im Grundsatz hinsichtlich der Krankheit von etwas Äußerlichem aus, was irgendwie eingefangen wurde, muss damit die Erkrankung grundsätzlich als Feind betrachtet werden. Wird sie aber als ein solcher Gegner betrachtet, obwohl sie letztlich „nur" eine veränderte Form des Stoffwechsels also des individuellen Lebens ist, bekämpft Schulmedizin damit das Leben selbst. Es ist eine Schwächung der Vitalität um (angeblich) die Vitalität zu stärken. Ein offensichtlicher Grundwiderspruch.

Natürliche, das Leben befördernde Heilweisen sind nur dann welche, wenn sie die Erkrankung (und damit das Leben) nicht zum Gegner machen, sondern es Kriterium ihres Herangehens ist.

Krankheiten in diesem Sinne sind demzufolge leidvolle Veränderungen des Lebens, die natürlich genau solche individuellen Charakterzüge offenbaren, wie sie in Zeiten der Gesundheit ebenfalls jedem Menschen eigen sind.

Gerade diese charakterlichen Einmaligkeiten des Individuums, im Gesunden wie im Kranken, sind naturheilkundlich die Schlüssel, um die heilsamen Wege zu finden, und nicht vernachlässigbare Nebensächlichkeiten, wie die ideologisch-abstrakten Lehrgebäude der Schulmedizin sie betrachtet.

2.3 Der medizinische Impuls (Reiz)

Eine medizinische Einwirkung hat das Ziel, den kranken Organismus gesund oder wenigstens „gesünder" zu machen. Sie muss ihn bewegen, also eine Reaktion in ihm hervorrufen. Ist sie falsch gewählt, falsch angesetzt oder trifft sie einen gesunden Organismus, kann sie krank machen.

Das gilt grundsätzlich. Medizin unter Ausschluss jeglichen Risikos ist nicht machbar. Dadurch kann ihre Wirkung im Orga-

2.4 Ein Vergleich

Ganzheitliche Heilweisen (z. B. Schamanismus, Homöopathie)

Reiz für Anregung, mitsinnig

Lebenskraft befördern, Selbstheilung anregen

niedrigste Reize (siehe Arndt-Schulze-Gesetz)

führt bei Heilung zu stetiger Reizminderung

Erkrankung wird heilsam vollendet

vermeidet Entstehung chronischer Erkrankungen, heilt chronische Erkrankungen

Reinigung des Körpers

nismus mit Recht als gewollt krank machend bezeichnet werden, mit dem Ziel, dadurch zu einer Reizantwort und mit ihr zu einem Ausgleich mit der bestehenden Erkrankung zu führen. Ein solches Krankmachen zur Gesundung oder zur befristeten Rückführung zu einer gewünschten Norm kann mitsinnig (mit dem Leben im Einklang) oder anders- bzw. gegensinnig (mit dem Leben in Widerstreit) bewirkt werden. /nach 1/

Klinische bzw. Schulmedizin (Allopathie)

Reiz für Unterdrückung, gegen- bzw. anderssinnig

Lebenskraft hemmen, keine Selbstheilung

starke Reize

führt zur stetigen Reizerhöhung

Erkrankung wird unterdrückt

führt zu chronischen Erkrankungen, die ungeheilt stetig zum Tode führen

Vermüllung des Körpers

Vollendung von Wandlungsphasen, Erreichen eines neues Gesundheitszustandes

Symptome als Zeichen der Erkrankung

Nach /2/:

ich bin krank

der/die Kranke als Ausgangspunkt

Erreger besiedeln krankes Gewebe

Kranksein als Weg (Geschenk für Heilung)

Symptom als nützlicher Wegweiser

subjektive Symptome sind wichtiger

Grundstimmung Vertrauen

Medizin reguliert

Kranksein und Tod als Teil des Lebenszyklus

Heilende als BegleiterInnen

Mensch und Natur heilen

Körper-Geist-Seele sind Teile einer Einheit

Verhinderung von Wandlungsphasen (z. B. Wechseljahre wie Krankheit behandeln), Rückführen auf alten Ausgangszustand

Symptome gleich Krankheit (Krankheit mit Begriff)

Nach /2/:

ich habe eine Krankheit

die Krankheit als Ausgangspunkt

Erreger machen krank

Krankheit als Fehlentwicklung (Gegner)

Symptom als Gefahr und Ärgernis

objektive (messbare) Symptome sind wichtiger

Grundstimmung Angst

Medizin bekämpft und greift ein

Kranksein und Tod als Feinde

Heilende als (übergeordnete) Experten

Technik und Chemie heilen

Körper und Psyche sind getrennte Größen

3. UNTERSCHIEDE ZWISCHEN URSÄCHLICHER ERKRANKUNG UND DEREN ÄUSSEREN ZEICHEN (SYMPTOME)

3.1 Zwei Wege der Behandlung

Im Grunde können, wie vorstehend beschrieben, zwei Wege der Behandlung von Erkrankungen unterschieden werden. Das sind

A) Heilen (mit dem Leben wirkend)

• Einklang und Miteinander, Fülle, Schöpferwesen, Weisheit von Körper, Geist und Seele, Lebenszugewandtheit. Freude, Liebe, Lust, Eingewobensein ins Alleine,
Bedürfnisbefriedigung unverhandelbar und Mittel gleich Zweck für das Leben

• Beförderung von Reifung, schöpferische Erneuerung des einzigartigen lebendigen Wesens, bewusstes, erfüllendes Erleben des Daseins und Wirken mit dem Leben

Eisenbahnbeispiel A

Frage: Wenn Ihnen vom Rütteln des Zuges schlecht wird, was tun Sie?

1. Steigen Sie aus und fahren auf rüttelfreier Strecke zu Ihrem Ziel weiter?

Krankheits-Ursache   Heilungs-Ziel

B) Bekämpfen (gegen das Leben gerichtet)

• Herrschaft und Gegeneinander (Konkurrenz), Mangel, Opfer/Täter, Dummheit von Körper, Geist und Seele, Lebenskampf ums Dasein, Trauer, Lieblosigkeit, Zwang, Einsamkeit und Verlorensein im Kosmos,
Bedürfnisbefriedigung verhandelbar und Mittel zum Zweck der Lebensvernutzung

• Rückführung auf Ausgangszustand, Reparatur wie eine tote Maschine, unbewusstes Funktionieren für bzw. in gesellschaftliche Zwänge, wie Arbeit, Konsum usw.

Eisenbahnbeispiel B

Frage: Wenn Ihnen vom Rütteln des Zuges schlecht wird, was tun Sie?

2. Steigen Sie aus, fahren zurück und steigen erneut vor der Rüttelstrecke wieder ein?

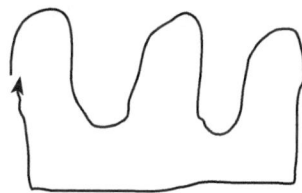

Krankheits-Ursache   ohne Heilungs-Ziel

Diese beiden Punkte resultieren jeweils aus entsprechenden Weltanschauungen (A – einer unvermittelten direkten und B – einer ideologisch vermittelten und indirekten), die ich hier zur Übersicht darstelle.

3.2 Symptome und Krankheit

3.2.1 Die Bedeutung und Kraft der Sprache

Wesentlich für das Verstehen „echter" Heilverfahren ist die Klärung von Begrifflichkeiten. Häufig gebrauchen wir Wörter, ohne uns deren Bedeutung und Kraft bewusst zu sein.

Vieles wird einfach so dahingesagt, ohne der Macht des Gesagten Beachtung zu schenken. Aber Sprache ist ebenso Ausdruck einer grundlegenden Denkweise, wie Blumen aus pflanzlichen Samen erstehen.

Gerade im „einfach nur so Dahingesagten" offenbaren sich tiefste Geheimnisse,

- wie man die Welt anschaut,
- wie man auf sie zugeht oder sich von ihr abwendet,
- auf welche Weise man sie gestaltet,
- wie man sich selbst oder andere wertschätzt
- ob man sich selbst als Opfer, Täter oder Schöpfer sieht
- welche Bedeutung Krankheiten haben
- in welcher Kraft, Stimmung und Gemütslage man sich befindet,
- als „wessen Geistes Kind" man sich sieht.

Sprache ist in der Lage zu heilen und zu töten. Wie leicht dringen kraftvolle Worte in die tiefsten Schichten unseres Seins und setzen sich dort fest, können ein ganzes Leben im Guten wie im Bösen bestimmen.

„Am Anfang war das Wort", heißt es in der Bibel.

Ein Wort ist nicht nur eine zufällige Zusammenstellung von einzelnen Lauten, wie sie in Buchstaben zum Ausdruck kommen. Wörter konzentrieren die Kraft ganzer Weltgeschichten in sich.

Was steckt allein in einem Begriff, z. B. Löffel:

- Essen, Suppe, Medizin, Trinken, Schlürfen, ...
- Genuss, Siechtum, Verbrennen, Lecken, Ekel, ...
- Klappern, Spielen, Erde, Schmuck, ...
- Metall, Holz, Plaste, Porzellan, ...
- Metallurgie, Schmieden, Stanzen, Holzkunst,
  Schnitzen, Gravierkunst, Politur, Färberei, ...
- Fabriken, Schmutz, Öl, Lärm, Maschinen, Arbeit, ...
- Hunger, Armut, Reichtum, Kaufen, Handel, Geld, ...
- Idee, Wissenschaft, Tüftelei, ...
- Esstisch, Gespräche, Freude, Lachen, Tischsitten,
- Menschen, Ahnen, Trauer, Erinnerung, Zwang, ...
- Küche, Besteckkasten, Herd, Töpfe, Schüsseln, ...
- Design, Form, Gebrauchsweise, Wert, ...

Im Löffel, wie in unzähligen anderen Begriffen konzentrieren sich unsere gesamten gesellschaftlichen, kulturellen, geschichtlichen und weltanschaulichen Daseinsweisen.

Bedenke:
In einem Löffel sind alle Träume dieser Welt vergegenständlicht, und damit deren Kraft lebendig.

Ganz selbstverständlich greifen wir nach dem Stiel, selbst dann, wenn wir ihn nicht zu seinem eigentlichen Zweck gebrauchen.

Dementsprechend verselbständigen sich andere vergegenständlichte Begrifflichkeiten, wie Krankheit und Heilung. Sie werden durch unsere menschliche Schöpferkraft belebt. Es entsteht nicht nur ein Begriff, sondern ein Geist des Begriffes. Und der will natürlich am Leben bleiben, wie alles Lebendige. Nicht irgendwie lebendig, sondern seinem erschaffenen Wesen entsprechend. Ein Löffel so, wie er durch unzählige Menschheitsgenerationen hindurch erträumt wurde. Aber auch so, wie es seinem Körper (Metall, Holz, ...) entspricht, und seines kulturellen, insbesondere gesellschaftlich-fetischistischen Rahmens, in dem er eingebettet ist.

Freilich besteht die Möglichkeit, beispielsweise diesen gesamtgesellschaftlichen Traum für sich selbst zu beenden, indem der Löffel als Heilinstrument verwendet wird (alltäglich-gesamtgesellschaftlich geht das aber nicht, sondern nur in der bewussten Gemeinschaft sozial bewegter Menschen).

Siehe die Weisen Frauen, als sie Haushaltsgegenstände zauberisch nutzten, um nicht als Hexen verbrannt zu werden.

Was steckt alles im Begriff Krankheit:

- Schmerz, Schwäche, Leiden, Hilflosigkeit, Sterben, Tod, Opfer, Symptome, ...
- Wandlung, Wachstum, Reinigung, Reifung, ...
- Lust, Freude, Hingabe, Trauer, Liebe, Kraft, ...
- Schutz, Auszeit, Geborgenheit, Einkommen, ...
- Gespräch, Unterhaltung, Zugehörigkeit, Mitgefühl, ...
- Unterstützung, Macht, Herrschaft, Ausbeutung, ...
- Verächtlichkeit, Achtung, Hilfsbereitschaft, ...
- Angst, Hoffnung, Heilung, Verzweiflung, ...
- Essen, Trinken, Durst, Hunger, Ekel, ...
- Hässlichkeit, Schmutz, Fäkalien, Übelkeit, ...
- Medikamente, Krankenhaus, Gestank, Einsamkeit, ...
- Ärzte, Schwestern, Pflege, Aufopferung, ...
- Betrug, Anmaßung, Sorge, Hilfe, Unfall, ...
- Naturwissenschaft, Dummheit, Weisheit, ...
- Heilpflanzen, Homöopathie, Schamanismus, ...

- Spritzen, Binden, Scheren, Operationen, Gips,
- Bakterien, Viren, Pilze, ...

Auch im Krankheitsbegriff beleben sich alle Träume dieser Welt. Wen wundert es, wenn Menschen krank werden können und gar sterben, sogar wenn ihnen fälschlicherweise eine ungünstige Prognose gestellt wird. Allein der Begriff einer angeblich unheilbaren Krankheit, gesprochen von einer mächtigen Person (Arzt), kann innerhalb kürzester Zeit töten.

Nicht zuletzt aus diesem Grund ist es durchaus sinnvoll, auf Krankheitsbegriffe gänzlich zu verzichten.

Jeder weiß durch seine Vorstellungskraft, durch Berichte oder gar durch eigenes Erleben, wie niederschmetternd es ist, wenn es heißt: „Krebs!" Die Liste von Krankheitsbegriffen, die ebenso angefüllt sind wie der Begriff der Krankheit selbst, lässt sich fast unbegrenzt fortsetzen. Dafür sei ein Versuch gemacht:

Was denkst Du, welche Bilder tauchen bei Dir auf, bei den Begriffen wie:

- Grippe
- Bauchspeicheldrüsenkrebs
- Zeckenbiss
- Herzinfarkt
- Diabetes mellitus („Zucker")

Daher ist es existenziell wichtig, von folgender Naturerkenntnis auszugehen:

„Ich habe keine Krankheit, sondern ich bin krank."

Die Homöopathie im klassischen Sinne, wie auch ursprüngliche schamanische Wege kennen keine Krankheiten im schulmedizinischen Sinne, sondern nur Wandlungsprozesse bzw. Kranksein und dieses äußert sich in ganz individuellen, einzigartigen Symptomen.

Es geht also nicht um eine „Bandscheibe", einen „Herzinfarkt", wie die übliche, abstrahierende Sprechweise in vielen Krankenhäusern und Arztpraxen ist, sondern um einen einzigartigen Menschen, der auf eine einzigartige Weise krank ist und ebenso einzigartig leidet.

Von der Krankheit und deren Begriffen auszugehen, um Kranksein zu heilen, ist letztlich mitleidloses Behandeln von erdachten und verallgemeinerten Begriffen und nicht von konkret-sinnlichen Menschen mit deren Leiden. Damit erklärt sich die allerorten vorherrschende schulmedizinische Unpersönlichkeit nicht als persönliche Entgleisung Einzelner (die natürlich existiert), sondern als Wesensmerkmal dieses Systems.

Begriffe haben die Kraft zu heilen und zu bekranken!

Allein die Möglichkeit, dass Begriffe das ursubjektive und urschöpferische Lebewesen Mensch beeinflussen können, sollte es eigentlich auch für die Schulmedizin sinnvoll erscheinen lassen, auf diese Begrifflichkeiten zu verzichten, welche die Gesundheit bedrohen bzw. Krankheit verstärken können. Weil das jedoch eine ihrer wichtigsten Säulen untergraben würde, auf denen sie ruht, ist damit kaum zu rechnen, käme dies doch einer Selbstauflösung gleich.

Und doch steht genau diese Selbstkritik an! Denn, wie mag sich ein „Herzinfarkt" fühlen, wenn er sich selbst nur noch als Begriff behandelt erfährt? Geachtet und geliebt oder als Nummer, die bald abzuhaken sei?

Wenn schon nicht bewusst, unbewusst wird er sich in der Regel mit diesem Begriff identifizieren und damit alle diese darin liegenden Inhalte bzw. Träume auf sich ziehen, ja, geradezu in sich verankern.

Gerade psychische Erkrankungen in Begriffe gezwängt, hängen einen an, wie finstere Kletten. Wer will schon eine „Nervenkrankheit", eine „Depression" sein?

Nein, dieser Weg kann nur ein schlimmer Irrweg sein. Jörg Wichmann /2/ schreibt dazu: „*Es geht um Sie, um Ihr Leben und Ihre einzigartige Weise, krank zu sein, zu leiden, gesund zu werden und Ihr Dasein zu gestalten. ... Meine Krankheit ist nicht etwas Äußeres, das nur Spezialisten an mir finden können. Sondern meine Krankheit ist das, was ich selbst spüren und wahrnehmen kann, an meinem Körper und auch in meiner Seele. Ich habe nicht eine »Angina« wie Hunderttausende andere Europäer im Herbst auch. Das ist nur ein ungenaues Etikett. Vielmehr spüre ich stechende Schmerzen beim Schlucken, die draußen geringer sind als im warmen Raum; dabei kann ich trocken leichter Schlucken als Flüssigkeiten, was mir ganz seltsam vorkommt; außerdem sind die Schmerzen morgens beim Aufwachen viel schlimmer; bei alledem schwitze ich viel stärker als sonst; besonders nachts. Häufig ist uns diese genau Wahrnehmung unserer selbst weitgehend verlorengegangen – wir sind nie danach gefragt worden, sie galt als unwichtig, als subjektiv oder gar als Einbildung. Wir haben gelernt, unsere Wahrnehmung zu übergehen und statt dessen in Etiketten zu denken.*"

Wir gehen oft bereits mit einer fertigen und begrifflichen Krankheitsdiagnose zum Arzt, in der Erwartung die gewünschten Medikamente bzw. Freitage verschrieben zu bekommen.

Aber diese Begriffe sind Abstraktionen, sind Behälter, die mit allem Möglichen gefüllt werden können und bei der homöopathischen Anamnese und Heilbehandlung ebenso wie im Schamanentum weitestgehend sinnlos, wenn nicht gar schädlich wirkend sind.

Begriffe stören das Erkennen der Erkrankung, den Weg der Heilung und den Heilungsprozess

„Im Laufe einer homöopathischen Behandlung lernen wir wieder, uns selbst sehr genau zu beobachten. Wir lernen Abläufe und Rhythmen unseres Köpers und unseres Energiehaushaltes wieder kennen, die schon immer da waren. Es erschließt sich ein Teil unserer Innenwelt, die wir so nicht kannten. Dadurch kommt uns das Krankheitsgeschehen näher, und wir erleben, dass wir nicht eine Krankheit ‚haben‘ wie einen ungebetenen Gast, den wir wieder wegschicken können. Vielmehr sind wir krank, ist die Krankheit eine Äußerungsform, die in ein Muster unserer Persönlichkeitsstruktur hineinpasst, wenn auch auf eine sehr unangenehme, wenn nicht sogar bedrohliche Weise.“ /2/
Bestärkend füge ich hinzu, dass Krankheit Ausdruck meiner Persönlichkeitsstruktur ist, wie sich mir Störungen, Wandlungen, Verletzungen zeigen, und wie ich diese dazugehörenden Symptome auspräge und zeige. Der eine leidet still, der andere laut.

Und essentiell für jede Art von Heilungsabsicht und Erfüllung ist zu beachten: *„Meine Art krank zu sein ist für mein Wesen ebenso typisch und eine ebenso einzigartige Lebensäußerung wie meine Handschrift, mein Fingerabdruck, meine Art zu arbeiten, zu malen, zu sprechen und zu lieben. Krankheit befällt mich nicht, sondern ist meine individuelle Art, auf Anforderungen des Lebens zu reagieren, sie zu verarbeiten oder abzuwehren. Und nur auf dieser — ganz individuellen — Ebene ist es möglich, eine andere Lösung für meine Lebensaufgaben und -probleme zu finden als das Krankwerden.“* /2/ (Abgesehen von überindividuellen Erkrankungen, wie Epidemien.)

Reif für den Narrensprung

Einen Weg, die Wahrnehmung in vorstehender Weise zu ändern, sind Homöopathie, energetische Pflanzenheilkunde und Schamanentum. Deren Wirken beginnt natürlich mit der Wahrnehmung des Erkrankten in seiner Gesamtheit. Allerdings besteht auch hierbei, durch mangelnde Absicht der Heilung, die Gefahr unterdrückend, sprich weitestgehend schulmedizinisch zu behandeln.

Damit es nicht dazu kommt, bedarf es einer umfassenden Fallaufnahme, des Gesprächs bzw. der ungefärbten Wahrnehmung sichtbarer und unsichtbarer Kräfte.

3.2.2 Das Symptom

Definition:
Zufall, vorübergehende Eigentümlichkeit; Krankheitszeichen, für eine bestimmte Krankheit, charakteristische, zu einem bestimmten Krankheitsbild gehörende, krankhafte Veränderung.

Das entspricht zwar in etwa der schulmedizinischen Definition dieses Begriffes, doch spricht deren Definition von Krankheitsbegriffen eine ganz andere Sprache. Hierbei sind die Symptome gleich der Krankheit. Erhöhter Blutdruck wird nicht als Zeichen einer Erkrankung bzw. als deren Selbstheilversuch verstanden, sondern ganz munter vereinzelt und ohne Rücksicht auf Zusammenhänge mit Gewalt nach unten gedrückt. Im Notfall mag das erforderlich sein, in der alltäglichen Tendenz ist es eine klassische Unterdrückung und damit Verfestigung der Erkrankung bis hin zu ihrer Chronifizierung.

Wenn aber Symptome tatsächlich nur als alle Lebensäußerungen eines Organismuses aufgefasst werden, ganz gleich ob im Gesunden oder im Kranken, dann muss die Krankheit selbst etwas ganz anderes sein als eben ihre Zeichen.

Damit weist das Symptom auf die Krankheitsursache UND die Behandlung in Ähnlichkeit zur Erkrankung hin, definiert aber keinen feststehenden Krankheitsbegriff!!!

Die Krankheitsursache, wie auch die Erkrankung bleibt letztlich unsichtbar, unbeschreibbar, aber über die Gesamtheit der Symptome, insbesondere die sonderlichen davon, lässt sich die heilende Arznei bzw. das heilende Ritual in Ähnlichkeit finden.

Das Krankheiten unsichtbar sind, scheint das besondere Ärgernis für eine Kultur zu sein, die alles irgendwie messen, wiegen und bewerten will, um es irgendwie nutzbringend beherrschen zu können. Aber so wenig wie eine Grippe ohne ihre Zeichen erfasst werden kann, können individuelle Charaktermerkmale ohne deren Ausdruck wahrgenommen werden. Freude kann eben nicht gesehen werden, sondern nur über verschiedene Symptome ausgedrückt werden. Niemand hat den Schmerz bisher gesehen, aber sehr wohl gespürt und, wenn er nicht mehr aushaltbar war, auch nach außen zum Ausdruck gebracht. Das ist ja gerade das Problem, den Schmerz anderer nicht ohne bewusste Absicht am eigenen Leibe spüren zu können. Damit wird es unter gewissen gesellschaftlichen Bedingungen ein leichtes, andere Menschen zu verletzen und qualvoll zu töten.

Auch wird es ein Leichtes, bei fehlenden sicht-, mess- und damit scheinbar objektiv überprüfbaren Symptomen, den Leidenden als Simulanten zu verleumden.

Menschliche, weil natürliche Heilmethoden werden immer auch zu den Symptomen alle Aussagen des Leidenden anerkennen. Selbst dann, wenn er damit versucht, einen Krankenschein zu ergattern. Dann liegt sein Leiden in seiner Schwäche, ohne Krankschreibung seine Bedürfnisse durchzusetzen.

Symptome sind der äußerlich wahrnehmbare Ausdruck des Leidens und nicht das Leiden selbst.

Daher liegt die Ursache, abgesehen von direkten äußerlich verursachten Einwirkungen, wie Unfällen und dergleichen, nicht im Reich der Symptome, also im körperlichen, sondern in der Verhinderung der dieser belebenden Kraft. Aus verschiedenen Ursachen ist die Einheit von Körper und Geist gestört.

4. TIEFSTE KRANKHEITSURSACHEN

Wenn die Verhinderung der vorstehend genannten, lebensnotwendigen Stoffwechselvorgänge zum Zwecke der Bedürfnisbefriedigung des Lebens und umgekehrt zu Erkrankungen bzw. der Blockade von Heilungsprozessen führt, dann muss geschaut werden, worin diese verhindernden Ursachen liegen. Hierbei sei auf zwei grundlegende Wege zum Leiden hin eingegangen:

4.1 Medizinische Unterdrückung

Leben entfaltet sich vom Wesen her, von innen nach außen. Wird dieser natürliche Fluss unterbrochen bzw. kommt er ins stocken, dann fressen sich die Symptome von außen nach innen, bis sie die lebenswichtigen Organe, das Zentrum, erreichen. Der Tod tritt ins versiegende Leben.

Unter den gegenwärtig vorherrschenden schulmedizinischen Denkgebäuden wird dieser natürliche Vorgang zumeist auf unnatürliche Weise unterdrückt. Abgesehen von teils sinnvoller, notfallmedizinischer Hilfe, führt dieser Weg bei solcher Behandlung zum Gegenteil, was vorgegeben wird.

(Allerdings ist hierbei zwischen Wort und Tat und Volkes gern geglaubter Meinung zu unterscheiden. Die Wiederherstellung des Ausgangszustandes ist durchaus wörtlich zu nehmen, was aber natürlich keine Heilung ist, sondern das erneute Hineinwerfen in die Zeit, da das Leiden entstand. Es ist ein Sysiphos-Prozess, der den Patienten solange wieder zurückwirft, bis dessen Vitalität aufgebraucht ist.)

Medizinische Unterdrückung erschafft:

- aus akuten Erkrankungen chronische,
- aus chronischen unheilbare und
- aus unheilbaren Erkrankungen den Tod;
  aber auch
- Nebenwirkungen,
- neue Leiden
- vermischte Leiden usw.

Das lässt sich gut begründen, wenn man bedenkt, das die natürlichen Selbstheilungskräfte immer und immer wieder in ihrem Fluss gebremst oder gar verhindert werden.

Ist der Patient gehörig und mit allen (gewaltsamen) Mitteln dieser ärztlichen Unkunst traktiert und erschöpft worden, wird dem oft die Krone aufgesetzt und es heißt: „Sie sind austherapiert."

Das ist nicht nur eine logische Unmöglichkeit hinsichtlich des Inhaltes dieser Aussage, weil das „ausgeheilt" bedeutet, sondern es wird im Tone tiefer Inbrunst schlicht behauptet, die angewandten klinischen Methoden seien die einzigen, die es überhaupt gibt. Das ist zumindest eine gehörige Lüge, wenn nicht bewusst oder fahrlässig in Kauf genommene Tötung.

Allein die Sorgfaltspflicht gebietet es, sich in seiner Branche auch mit hinsichtlich nicht selbst favorisierter Heilmethoden und -ansichten auseinanderzusetzen. Was wäre im Falle einer so genannten austherapierten Person falsch daran, einen anderen Weg zu wagen? Die schreckliche Prognose, austherapiert zu sein, kann doch zumeist erst mit Beginn des Sterbens gewagt und mit dem eingetretenen Tod bewiesen werden. Also was soll die Behauptung dann mitunter Jahre, Monate oder Wochen vor dem Tod? Geht es hier um Rechthaberei, um Dogmatik, um Geld, um guten und doch blinden Willen?

Wie auch immer, das reiht sich in die übliche gesellschaftliche Anmaßung ein, dem Leben erst mal gehörig auf die Sprünge zu helfen. Gelingt es nicht, gilt man eben als austherapiert.

4.2 Lebensweise

Die medizinische Unterdrückung ist jedoch, so drastisch sie erscheinen mag, nur ein gut sichtbarer, wenn auch häufig und gern verdrängter Ausdruck der gesamtgesellschaftlichen Zumutung einer lebensvernutzenden Produktions- und Lebensweise.

Ganz unbewusst, und darin liegt die eigentliche Tragik bzw. Ursache für die Tiefe vieler Erkrankungen, wird so gehandelt, wie es das Leben vermeintlich erfordert. Wie selbstverständlich gilt, dass zuerst funktioniert werden muss, ehe die Bedürfnisse befriedigt werden können. Gibt es kein Geld, dann gibt es auch keine Bedürfnisbefriedigung. So schlicht ist die Wahrheit.

Aber es ist eben NICHT die Wahrheit des Lebens sondern die verquere Wahrheit eines lebensfeindlichen Selbstzwecks. Leider wird dieser positiviert und entzieht sich damit häufig jeglicher Erkennbarkeit. Diese gegenwärtig weltweit herrschende Produktions- und Lebensweise, auch als Marktwirtschaft und freiheitlich-demokratische Grundordnung bezeichnet, bedingt eine lebensfeindliche Medizin, die wir Schulmedizin nennen, und diese Schulmedizin bedingt wieder diese Daseinsweise. Beide brauchen sich, wie die Luft zum Atmen, verstärken sich miteinander und lösen doch nichts, was dem Leben im Wege steht. Ganz im Gegenteil, können sie beide nur existieren, wenn sie Menschenleben und Natur vernutzen, also zerstören.

Das ist die eigentliche, zutiefst erschütternde Wahrheit.

> Es ist kein Fehler an einer vermeintlich ansonsten lebensfreundlichen Produktions- und Lebensweise, der uns krank macht, sondern <u>diese selbst ist der Fehler!</u>
> Dieser Fehler liegt einerseits in der Rückkopplung des Geldes auf sich selbst, um damit immer mehr Mehrwert (also abstrakten Reichtum) zu gewinnen und andererseits in der Verbindung der natürlichen Lebensbedürfnisbefriedigung an den Besitz des Geldes. Das war weder schon immer so (geschichtlich lebte die Menschheit die meiste Zeit ohne Geld) und kann auch nicht immer so bleiben, schlicht, weil es gerade dabei ist, seinen Wert zu verlieren.
> So verrückt es klingen mag, die heil- und überlebensnotwendige Lösung kann für die Menschheit nur in der Beseitigung der Auslieferung an das Geld und den arbeits- und warenkonsumbedingten Prozess seiner Vermehrung liegen.
> Denn das Leben davon abhängig zu machen, ist die eigentliche Verrücktheit in Form einer alltäglich gewohnten Opferbewegung. Das Abtöten wird zum Ideal und das Tote zum Maßstab für das Recht zum Überleben.

Als Menschen werden wir nicht nur krank oder sterben, wenn wir die oben erwähnten natürlichen Bedürfnisse nicht befriedigt bekommen, sondern auch, wenn wir keinen Sinn mehr im

Leben sehen, vergessen haben, unsere Lebensträume zu verwirklichen, überhaupt andauernd etwas tun, was weder Freude, Erfüllung, Befriedigung oder Sinn gibt.

Es braucht sich nur umgeschaut zu werden, wieviele Menschen den Gürtel (mitunter freiwillig) enger schnallen, Hauptsache sie haben Arbeit, wie Träume für eine ungeliebte Lehrstelle aufgegeben werden, wie medial konsumiert und gereist wird, anstatt selbst zu entdecken usw.

4.3 Gesellschaftlich bedingte Volkskrankheiten

• Beispiel Bluthochdruck

Bluthochdruck ist eigentlich eine Heil- und Anforderungsreaktion.

Bekommen die Zellen zu wenig Sauerstoff, muss u. a. der Blutdruck steigen, damit sie wieder genügend bekommen. Wird die Ursache für den Sauerstoffmangel nicht beseitigt, sondern der Blutdruck gewaltsam gesenkt, kommt es zur Sauerstoffunterversorgung des Gewebes mit allen schlechten Folgen. Bluthochdruckpatienten können ein Lied davon singen (siehe stetige Anpassung und Ausweitung verschiedener Medikamente).

Solange der Wettkampf zwischen Selbstheilungsversuch und dessen Unterdrückung andauert, ist dafür noch Lebenskraft da. Irgendwann fügt sich das erschöpfte Leben, was dann fälschlicherweise als Sieg der medikamentösen Einstellung verkündet wird. Dabei ist der Tod ein ganzes Stückchen näher gerückt.

Steht der Mensch andauernd vor Anforderungen, die entweder seinen Flucht-, Antriebs- oder Angriffsreflex reizen, werden sich seine wunderbaren Funktionen darauf einstellen. Der eigentlich nur für gelegentlich solcher Reaktionen vorgesehene gesteigerte Blutdruck verselbständigt sich und bleibt gleich mal oben. Eine neue Gewohnheit hat sich etabliert. Wie auch anders, wenn der Mensch ständig in Habt-Acht-Stellung verharrt, immer auf Leistung getrimmt ist und nicht einmal im Schlaf mehr Ruhe findet, weil ihn Sorgen um die Finanzierbarkeit seines Daseins quälen.

Und dann folgt wieder die Unterdrückung mit Gewalt. Die Todesspierale nimmt ihren Lauf.

• Beispiel Krebs

Es ist schwierig hier konkrete, individuelle Auslöser zu finden, aber gesamtgesellschaftliche offenbaren sie sich doch relativ leicht. Es braucht nur die Absicht, hinzuschauen. Wieder kommen wir nicht umhin, die lebensunterdrückenden Ursachen zu benennen, wie sie eingangs aufgeführt wurden.

Erstaunlich häufig finden sich Patienten mit solch tiefen systemischen Erkrankungen, die sich selbst zurücknehmen und für andere alles geben. Die verhinderte Lust am Leben ist ungelebte Energie, die anstatt nach außen und schöpferisch gestaltet zu werden, sich nach innen richtet und damit gegen diese Menschen selbst. Es wird viel zu häufig geschluckt, in sich hineingefressen und gemacht, was entweder der eigene innere Antreiber oder eben äußere fordern. Das, was gesamtgesellschaftlich mit der Menschheit und der Natur geschieht, das Auffressen von Lebenskraft und natürlichen Ressourcen, muss natürlich seine Wirkungen auf den Einzelnen haben.

Aber wie leicht ist es gesagt, mit der Faust auf den Tisch zu hauen, was hier dauerhaft dran wäre, wenn damit das eigene Selbstverständnis des Zurücknehmens ebenso verbunden ist, wie die Angst um Arbeitsplatz, Ablehnung und Einsamkeit. Zu tief stecken diese Prägungen der Aufopferung und Uneigennützigkeit. Aber was nützten sie, wenn im Ergebnis der Tod lauert?

• Beispiel „Vererbung"

Vieles vorstehend Beschriebene trifft kaum auf Kinder und Jugendliche zu, obwohl es sich auch in diese Altersgruppen hineinbegibt. Doch wie erklären sich schwerste Erkrankungen bei diesen jungen Menschen?

Abgesehen von den Wirkungen des allgemein-zerstörerischen gesellschaftlichen Seins, wird auch hier wieder und ganz im Einklang mit der schrecklichen Überindividualisierung ganz vergessen, dass jeder Mensch Teil einer Menschheit ist und einer Natur. Das heißt, er hat Ahnen und damit Verwandtschaften. Entgegen der äußerst seltsamen Ansicht, das individuelle Leben hinterlässt keine Spuren im Erbgut – eine völlig lebensfremde Annahme – werden durchaus in hohem Maße lebensbedingte Ereignisse direkt an die folgenden Generationen weitergegeben. Das betrifft auch Störungen. Für die Menschheit und die Generationenfolge potenzieren und mischen sich also alle Formen der Lebensunterdrückung in zunehmender Tendenz der Verkrankheitlichung. Und nicht erst nach tausenden Jahren sondern unmittelbar von Generation auf Generation.

Wurde beispielsweise bei einem Großvater eine Haut- und oder Geschlechtserkrankung massiv unterdrückt, beispielsweise im 2. Weltkrieg (Tripper), dann kann es durchaus vorkommen, dass sein Enkel bereits als Kind eine unerklärliche Erkrankung seines linken Knies aufweist. Das so genannte Tripperknie wurde beim Großvater unterdrückt und kommt dann beim Enkel zum Vorschein. Das zeigt diese generationenübergreifende Form menschlichen Daseins. Wir sind eben nicht diese absolut getrennten Individualitäten, wie uns so oft weisgemacht wird.

So entstanden im homöopathische Sinne die Miasmen. Wir leiden heutzutage im besonderen Maße an der unterdrückenden Kraft quaksalberischer und schulmedizinischer Anwendungen mindestens aber hauptsächlich der letzten fünf Jahrhunderte.

5. WIE HEILUNG VERHINDERT ODER BEFÖRDERT WIRD

Für das Verständnis, wie Heilung verhindert bzw. befördert werden kann, seien hier alltäglich erlebbare Beispiele aufgeführt.

• Beispiel Hauterkrankung

Hauterkrankungen sind dahingehend etwas dummes, da sie sich schlecht wegleugnen lassen. Gut sicht- und spürbar weißen sie uns mit der Nase darauf hin, etwas in Ordnung zu bringen. Gerade hierbei zeigt sich die ganze Fremd- und Selbstverdrängung des Problems. Mit drastisch wirkenden Präparaten ist es häufig ein leichtes, die „brennende" Haut zu kühlen, die Wundheit zu beseitigen. Welch Wunder doch die moderne Medizin vollbringt. Liegt aber die Ursache des Leidens nicht in äußerlichen Einwirkungen auf die Haut, wird es gar nicht lange dauern, bis sich das garstige Problem erneut zeigt. Der Kampf um die Zerstörung der Vitalität beginnt.

Wie ein Ball, der mit Kraft unter die Wasserfläche der still daliegenden Ostsee gedrückt wird, drücken diese Medikamente das Symptom unter die Haut in die Tiefe. Und wie der Ball mit Kraft unten gehalten werden muss, wird gleiches mit dem Leiden gemacht, es wird unterdrückt. Entweder es ist lange Zeit noch soviel Lebenskraft vorhanden, um an gleicher Stelle immer wieder trotz massiver Unterdrückung hervorzubrechen (was eigentlich ein gutes Zeichen von Vitalität sein kann) oder es sucht sich irgendwann einen anderen Weg, der überhaupt nichts mehr direkt mit Haut zu tun hat (was ja gerade dazu verführt, die Symptome zu Krankheiten hochzustilisieren) oder es nähert sich der Tod.

• Beispiel Lungenasthma

Diese Erkrankung hat häufig einen tiefen Zusammenhang mit dem seelischen Befinden des Menschen. Es fällt ihm schwer auszuatmen. Natürlich können hier viele Gründe sich zu einem Gemenge zusammenfinden und doch wird allein die körperliche Atemnotlage mit drastischen Medikamenten beseitigt. Damit wird freier Atem hergestellt, was freilich in lebensgefährlicher Situation nötig sein kann, doch im Dauergebrauch lassen sie die heilsame Beschäftigung mit dem Grund des Leidens vergessen, es geht ja so. Dass sich dadurch das Leiden anderweitig Bahn brechen bzw. es den Ort der Symptombehandlung nach und nach zerstören muss, wird ausgeblendet. Auf diese Weise mag eine Zeit lang oder gar für immer dieses Symptom verschwinden, aber was ist damit gewonnen? Das Leiden bleibt unbeachtet, frisst sich weiter voran und wird andere Symptome ausbilden, wenn es vorher nicht zu ärgerem führt.

Zu bemerken ist, ein Lungensymptom ist nicht zwangsläufig eine Lungenerkrankung. Diese Aussage trifft ebenfalls auf andere Symptome zu, die für Krankheiten genommen werden. Das Leiden bricht sich immer dort Bahn wo es die eigene Kraft zulässt. Vereinfacht ausgedrückt, kann das die schwächste aber auch die kraftvollste „Stelle" sein.

• Beispiel Herzinfarkt

In der Nachbehandlung eines überstandenen Herzinfarktes (wenn auch erhöhter Blutdruck beteiligt war) wird häufig zusammen mit anderen medikamentösen und chirurgischen Behandlungen der Blutdruck nach Lehrbuchwerten radikal nach unten gedrückt. Ziel ist es, sozusagen auf Nummer sicher zu gehen, um jede hochdruckbedingte Komplikation zu vermeiden. Dabei wird die tatsächliche Ursache der körpereigenen Blutdrucksteigerungsreaktion auf diese schlicht außer Acht gelassen. Mangels besseren Wissens drückt der Behandelnde den Blutdruck so weit nach unten, dass die Nieren beginnen können, ihre Funktion des Harnabpressens einzustellen, weil kein genügendes Druckgefälle mehr zur Verfügung steht. Die Folgen sind katastrophal. Neben der möglichen Sauerstoffunterversorgung des Gewebes, beginnt der Körper schlicht zu vergiften.
Trotzdem stellen nur wenige die Frage, weshalb es eigentlich einen Herzinfarkt gegeben hat bzw. warum womöglich einer kommen kann, sondern auch hier wird das vorletzte oder letzte drastische Symptom, dass etwas ganz und gar nicht stimmt, immer noch nicht ernst genommen. Dem Körper wird die Kraft genommen, einen Herzinfarkt auszubilden, um den Preis langsamen Dahinsiechens. Beide Wege sind eigentlich keine Alternative.

5.1 Was ist stattdessen zu tun?

Abgesehen von lebensbedrohlichen Notfällen, bei denen der Erhalt des Lebens immer höchste Priorität haben sollte, ist von den lebensimmanenten Stoffwechselvorgängen auszugehen. Diese beinhalten die erforderlichen Selbstheilungskräfte und (zumeist) die nötige Energie. Damit ist die erste, grundlegende Entscheidung gefallen, mit dem Leben zu heilen und nicht dagegen.

• Schauen, wie es ist

In allen drei vorstehenden Erkrankungen heißt das also, zuerst einmal zu schauen, was dem Fluss der Lebensenergie im Wege steht bzw. was die Vitalität schwächt. Das ist entsprechend der individuellen Gegebenheiten (und eventuell unter Mithilfe des Arztes) zu beseitigen, wie behutsames Reduzieren bzw. Weglassen der unterdrückenden Maßnahmen. Dazu zählen Medikamente, technische Hilfsmittel, chirurgische Eingriffe und andere.

Beispielgebend sei hier das Leiden der so genannten Neurodermitis genannt. Was übersetzt aus der geheimen Zaubersprache der Medizin in etwa nichts anderes heißt als „Nervlich bedingte Hautentzündung" also tatsächlich so gut wie nichtssagend. *Schulmedizinisch gilt sie als nicht heil- aber behandelbar.*

• Ursachenbehandlung

Um dennoch eine Heilung zu bewirken, ist diese Erkrankung von der Wurzel her zu behandeln, also dort, wo sie entsteht, im energetisch-geistigen. Von dort aus setzt sich sowohl die Harmonie als auch die Störung im Körperlichen fort, was sich dann entweder in Gesundheit oder Erkrankung zeigt.

• Stärkung der Vitalität

Damit sich die gewandelte Ursache nun als Heilung zeigen kann, ist die Vitalität zu stärken anstatt sie mit unterdrückenden Maßnahmen noch weiter zu schwächen. Die verminderte Vitalität ist ja bereits ein Ausdruck des bestehenden Leidens. Wie kann dann durch deren weitere Schwächung Heilung bewirkt werden? Das ist unmöglich, wird aber versucht und wenn die Vitalität soweit geschwächt ist, bzw. sich das Leiden andere Wege sucht, gilt es entweder als geheilt oder es sei eben eine neue Erkrankung aufgetreten oder die neuen Symptome werden schlicht als notwendig auszuhaltende Nebenwirkungen schön geredet.

• Beförderung des heilsamen Flusses nach außen

Es kann sein, dass Narben, Prothesen, Erstarrung, Verkrampfung und weitere körpereigene und fremde Zustände die sich nach außen bewegende Heilung verhindern. Auch hier sind die Wege freizulegen, beispielsweise durch Neuraltherapie, Homöopathie, Schamanisch-energetische Entstörung. Pflanzenauflagen und andere. Andernfalls kann es sein, dass die in Fluss gekommene Energie gegen die Blockaden brandet und zu starkem Leiden führt.
Aber dazu zählen auch blockierende Gewohnheiten, Überzeugungen und Handlungsweisen.

• Bereitschaft das Leiden zu Ende zu leiden

Zumeist können solche chronische Leiden als irgendwie unvollendete Wandlungsprozesse bzw. steckengebliebene akute Erkrankungen auftreten. Tatsächlich wird eine heilwirksame Therapie diese Leiden wieder aktivieren und danach trachten, sie zu Ende zu führen.

Das kann Angst machen und ist mitunter schwer durchzuste-
hen. Gerade bei solch schrecklichen Symptomen, wie extremer Juckreiz, offener, schuppender und nässender Haut lässt es
mitunter als schlicht notwendig erscheinen, Linderung durch
äußerliche, unterdrückende Maßnahmen zu erfahren. Vor allem bei Kindern ist das eine wirklich schwere Herausforderung.

Dafür sind begleitende Maßnahmen zu finden, die lindern
OHNE zu unterdrücken, wie beispielsweise der Auftrag von
Eichenrinde, Überstreifen von leichten, gut verträglichen
Handschuhen in der Nacht, Trinken von entsprechenden Tees,
Essen von Vollwertkost und klopfen, statt kratzen.

• Eine Vorstellung vom Heilsein

Dieser Punkt scheint rein theoretisch zu sein, ist er aber nicht.
Denn auch und besonders aus der Vorstellung oder deren
Fehlen vom Heilsein werden die entsprechenden Wege der
Behandlung ausgewählt. Genügt es, den Juckreiz und die
schlimmsten Hauterscheinungen soweit wegzudrücken, um
damit eine Zeit lang (können Jahrzehnte sein) ganz gut leben
zu können, was sich freilich nach und nach immer mehr rä-
chen wird, aber trotzdem eine häufige Entscheidung ist, oder
soll eine tatsächliche Heilung bewirkt werden? Je nachdem
wie diese Frage jeder für sich beantwortet, steht dahinter eine
Absicht, ein Traum vom eigenen Leben (was natürlich im Falle von Kindern eine andere Herangehensweise bedeutet, aber
auch Kinder haben erstaunliche Einsichtsfähigkeiten bei diesem Punkt, es kommt dabei sehr auf Vorstellungskraft, Sprache
und Achtung ihnen gegenüber an).

Ganz besonders hier zeigt sich, ob überhaupt ein Traum vom
eigenen Leben vorhanden ist bzw. welcher, ob längst kapitu-

liert wurde oder noch Leidenschaft und Lust für das Leben einsetzbar sind.

6. DIE FATALEN WIRKUNGEN ÜBLICHER SYMPTOMBEHANDLUNGEN AUF DIE VITALITÄT

Wer nicht atmet, trinkt oder isst, wird mehr oder weniger schnell seiner Vitalität verlustig gehen. Das weiß jedes Kind. Ein Wunder daher, weshalb die Mehrzahl aller Menschen (zumindest in den westlichen Industriegesellschaften) sich selbst als lebende, empfindungsfähige Wesen oft schäbiger behandelt als ihr totes Auto.

Das Öllämpchengleichnis

Berühmt dafür ist das Gleichnis von der Ölzustandsanzeige im Auto, kurz Öllämpchen genannt. Wirklich (fast) kein Autofahrer käme auf die dumme Idee, das Öllämpchen zuzukleben oder es kaputtzuschlagen, wenn es wegen mangelndem Öl aufleuchtet. Schnell wird das Öl nachgefüllt, weil sonst der Motor heiß läuft und sich festfrisst. Seine „Vitalität" würde bis zum „Tode" drastisch eingeschränkt werden.

Doch der ach so aufgeklärte und sich modern dünkende Mensch macht genau das mit sich selbst. Er schwächt das noch mehr, was er selbst durch Schwächung seiner Vitalität erst als Leiden mit entsprechenden Zeichen hervorgebracht hat, um es damit zu beseitigen.

In dieser Motor-Metapher ausgedrückt: er zerschlägt das Öllämpchen in der Hoffnung, das sich damit das Öl auf wundersame Weise von allein wieder in den Motor füllt. *Das ist blinde Wundergläubigkeit!*

6.1 Was sind die Folgen?

Ein aufzehrender Kampf gegen die Lebenskraft bis zu deren erlöschen.

- Auftreten neuer Symptome auf gleicher Ebene
- Auftreten neuer Symptome auf tieferer Ebene
- Auftreten so genannter Nebenwirkungen
- Erreichen der zentralen, lebenswichtigen Ebenen, was zur Lebensgefahr führt
- Wandeln von der körperlichen auf die geistig-seelische Ebene und anders herum
- Zunahme der unterdrückenden Maßnahmen, um ein Eskalieren und Ausdehnen auf andere Organsysteme zu vermeiden; der unselige Kreislauf beschleunigt sich
- Erschaffung neuer, behandlungsbedingter Leiden
- Einfrieren der Leiden
- Womöglich Erschaffung generell unbehandelbarer Leiden
- Weitergabe von Leiden an die Nachfahren
- Lebensmüdigkeit
- Verschleiß von Beziehungen mit allen Folgen usw.

• Beispiel Windeldermatitis

Der Weg, chronische Erkrankungen zu erschaffen ist häufig folgender: Die moderne Lebensweise erfordert nahezu Windeln. Wenn es in Folge dieser zu Hautentzündungen kommt, bieten sich gleich Feuchtigkeitstücher an, der gute alte Waschlappen erfordert einige Zehntelsekunden mehr Zeitaufwand. Dumm nur, dass in vielen Feuchtigkeitstüchern als Verkaufsargument unterdrückende Substanzen enthalten sind. Wie schön, der

Ausschlag verschwindet und wenn dann wenige Tage oder Wochen danach eine Bronchitis auftaucht oder in heftigerem Fall ein Asthmaanfall, wer will darin schon als Ursache die Anwendung der schönen, modernen Feuchtigkeitstücher sehen.

Aber es geht weiter. Selbstverständlich wird die Bronchitis bzw. das Asthma mit wirkmächtigen Medikamenten zügig weggedrückt. Erscheinen dann einige Zeit danach womöglich Beschwerden in den Gelenken wird das böse Schicksal oder was sonst noch alles dafür verantwortlich gemacht, nur nicht die fortgesetzte Unterdrückung der Symptome.

Wieder selbstverständlich werden auch diese Beschwerden entsprechend versucht, wegzudrücken. Was oft auch (zumindest für eine Zeit) gelingt. Wenn dann die Nieren verrückt spielen oder das Herz, nun gut, so ist das Leben halt. Irgendwann muss jeder sterben, wer will schon hundert Jahre alt werden.

Dieser fast schon klassische Ablauf einer erschaffenen Krankengeschichte zeigt sich in ähnlicher Weise bei vielen Leiden. Oft lassen sich Auslöser wie die mit den Feuchtigkeitstüchern finden, wie Impfungen, verschiedenste Behandlungen mit Antibiotika, Zinksalben, Kortikoiden, Blutdruckhemmern usw.

• Beispiel Unterschenkelgeschwür

So erstaunlich es klingen mag, so ein offenes Bein hat trotz allem Ungemach eine lebenswichtige Funktion. Freilich heißt das nicht, es sollte aufs Urinieren, Schwitzen und anderen, natürlichen Ausscheidungsformen verzichtet werden, aber wenn es aus welchen Ursachen auch immer hervorgebracht wurde, steckt darin doch ein „verzweifelter" Selbstheilungsversuch des Körpers. Der sagt sich schlicht, ehe ich an Vergiftung sterben muss, lasse ich es doch lieber da unten an den Beinen etwas herauslaufen. Das ist zwar wirklich nicht angenehm, doch erhält es mich am Leben und wer weiß, womöglich findet sich dann doch noch Heilung.

Dieses, aus der Not heraus vom Körper geschaffene „Ausscheidungsorgan", unterstützt auf pragmatische Weise die geschwächten eigentlichen Ausscheidungsorgane. Andernfalls droht der Tod durch vergiften. Wird nun, ohne die inneren Selbstheilungskräfte durch Stärkung der lebenswichtigen Entgiftungs- und Ausscheidungsorganen (mindestens Herz, Nieren, Leber usw. je nach individuellen Fall) anzuregen – siehe Stoffwechselprinzip des Lebens – dieses offene Tor verschlossen, kann es „leicht" passieren, dass der Mensch kurz darauf stirbt.

• Beispiel Depression

Einfach ausgedrückt, ist eine Depression die Folge der Unterdrückung der Lebendigkeit und Sinnerfüllung des Leidenden, die wieder unterdrückt wird und damit festgehalten.

Depression als zurückgehaltener Selbstheilungsversuch ist daher viel mehr begleitend voranzubringen, bis das Licht am Ende des Tunnels zu sehen ist. Den Depressiven drängt es nach Ausstieg aus seinen bisherigen, unterdrückenden Lebensumständen. Dabei kommt es gar nicht darauf an, ob er sich selbst unterdrückt oder von außen unterdrückt wird. Er will raus, aber doch weiterhin zum „Alten" dazugehören. Daher bleibt er im Tunnel der Finsternis so stecken als bliebe der Embryo im Geburtskanal hängen, weil er eigentlich geboren werden will, aber dann doch davor zurück schreckt.

Dem kommt natürlich die Schulpsychiatrie mit wehenden Fahnen entgegen, indem der berühmte Ausgangszustand wiederhergestellt werden soll bzw. mittels Medikamenten Licht und Freude erzwungen werden sollen. Bildhaft gesprochen führen die Selbstheilungskräfte des Leidenden ihn in den Geburtskanal, aber die starken Medikamente oder die Psychotherapie zerren ihn immer wieder in den Bauch der alten Umstände. Die Geburt wird immer wieder verhindert, bis der Depressive als unheilbar bricht.

Das ist kein Wunder, weil jede verhinderte „Geburt" neuer Lebensumstände (die tatsächlich anstehen zu gestalten) das Leben vergiften müssen, bis es in Dunkelheit erstirbt.

• Beispiel „Deos"

Auch der Gebrauch von Deodorants sind schulmedizinische Anwendungen zum Zwecke der Unterdrückung. Dabei wird ausgeblendet, dass der Schweißgeruch bereits Folge einer Lebensweise ist, die überhaupt erst zu Schweißgeruch führt bzw. solche Notwendigkeit erzwingt, rund um die Uhr neutral wie ein Roboter funktionieren zu sollen.

Aber die Schweißdrüsen unter den Achseln sind keine Fehlkonstruktion der Natur sondern lebensnotwendige Grundlage. Sie dienen nicht nur als Lockmittel für die Partnerwahl sondern haben entscheidende regulatorische und stoffwechselnde Funktionen. Nicht umsonst laufen dort überdurchschnittliche viele Lymphgefäße mit vielen Lymphknöten entlang. Diese haben bekanntermaßen auch reinigende und immunsystemische Aufgaben. Wen mag es also wundern, wenn gerade bei Frauen solche Folgen der Unterdrückung, wie Wucherungen in den Brüsten auftreten? Freilich ist das etwas verkürzt ausgedrückt, aber es trifft einen Nagel auf den Kopf. Und dann, wenn eine OP angeraten erscheint, werden die Lymphgefäße gleich mit entsorgt. Es heißt, wegen der Metastasen. Aber ist das alles eine Heilbehandlung? Wo sind die Fragen zu den Ängsten, zum Verständnis von Weiblichkeit, zu den verqueren Anforderungen auf Arbeitsplätzen usw.?

Damit soll es für diesen Punkt genug sein und zu den lebensförderlichen Kriterien übergegangen werden.

7. KRITERIEN DIE HELFEN, ZWISCHEN OBERFLÄCHLICHER SYMPTOMFREIHEIT UND GESUNDHEIT ZU UNTERSCHEIDEN

Erstes Kriterium an eine tatsächliche Heilbehandlung ist, ob sie sinnlich-konkret und direkt individuell heran geht.

Dem folgen weitere, wie

- Sind sie dem Leben dienlich?
- Werden Symptome behandelt oder das Leiden selbst?
- Achte darauf, wie mit Dir umgegangen wird, auf Augenhöhe oder als Bittsteller.
- Was wird versprochen bzw. was wird angedroht?

Was ist Heilung?

Symptombehandlung führt nicht zur Heilung. Daher ist sich des homöopathischen Leitspruches für Heilung zu erinnern:

Heile so sanft und so zügig wie möglich und, der alles entscheidende Punkt: heile nachhaltig!

• Sanft

Das heißt freilich nicht, dass es immer ohne die Schmerzen des Heilwiderstandes geht; wie gesagt, Leiden müssen irgendwie vollendet werden, sonst enden sie nie oder nur mit dem Tod.

Es geht hier vielmehr darum, das vorhandene Leiden tatsächlich zu heilen (bzw. wo nicht anders möglich zu lindern) und weder durch die Behandlung selbst noch infolge dessen ein weiteres Leiden zu erschaffen.

• Zügig

Natürlich kann auch Heilung Zeit in Anspruch nehmen aber es soll das Ziel sein, nicht durch andauernde Unterdrückungen und Fehlbehandlungen gar kein Ende mehr in Sicht zu haben. Das Ziel soll also immer Heilung sein und nicht nur Symptomfreiheit, auch wenn nie eine Garantie auf Heilung gegeben werden kann.

• Nachhaltig

Die Krönung dieser Aussage ist allerdings die Formulierung der Nachhaltigkeit. Diese besagt nichts anderes, als dass alles zu tun ist, um diese zu erreichen UND die Bedingungen zu beseitigen, die das Leiden hervorbrachten, erhielten, beförderten oder neue entstehen lassen. Was nichts anderes heißt, als dass das Leiden ein für alle mal verschwunden ist, ohne die Vitalität beeinträchtigt sondern im Gegenteil befördert zu haben.

7.1 Verlaufsbeurteilung

Akute und chronische Erkrankungen

Um eine fundierte Verlaufsbeurteilung vornehmen zu können, werden natürlich Kriterien benötigt, die als Maßstab für Verbesserung und Verschlimmerung bzw. Heilung und Erkrankung angesetzt werden können.

Daher ist die Verlaufsbeurteilung neben der ursachenorientierten Heilbehandlung das zweite wichtige Standbein der erfolgreichen therapeutischen Tätigkeit.

Richtungsgebend kann hierbei das klar definierte Regelwerk der Homöopathie für alle, an grundlegender Heilung orientierten Wege gelten. Das ergibt sich schlicht aus ihrer, mit dem Fluss des Lebens übereinstimmenden Herangehensweisen. Mit Fug und Recht kann daher die homöopathische Wissenschaft grundsätzlich jedem empfohlen werden, der „wirkliche Heilung" im Sinne hat, selbst dann, wenn er keine Homöopathie betreiben möchte.

Auch bei der Verlaufsbeurteilung sind jegliches Spekulieren, Schematisieren, kühne Vorausbeurteilung oder oberflächliche Kenntnisse der Lebenskräfte schwerwiegende Fehlerquellen. Wenn natürliche Heilverfahren nicht wirken, dann können vorstehende und auch weitere Gründe vorliegen, wie eben ungenügende Kenntnisse (und/oder Oberflächlichkeit) des Therapeuten, der Weigerung des Patienten, sich an erforderliche Grundsätze bei der Behandlung zu halten und grundlegende Widerstände, um Heilung zur Entfaltung zu bringen (Prothesen, totes Gewebe, „Höhere Macht", ...).

7.1.1 Verlaufsbeurteilung bei akuten Erkrankungen

Akute Erkrankungen zeichnen sich durch einen mehr oder weniger kurzen, selbstbegrenzenden Verlauf aus und gehen entweder wieder in Gesundheit über oder enden mit dem Tod. Letzteres kann durchaus als eine stürmisch verkürzte Chronifizierung gesehen werden, da chronische Erkrankungen unbehandelt ebenfalls in letzter Konsequenz mit dem Tode enden.

- **Beispiele akuter Erkrankungen**

(der Verständlichkeit halber in klinischer Namensgebung)

- Infektionskrankheiten, wie Windpocken, Grippe,
  Schnupfen usw.
- Verletzungen, wie Knochenbrüche, Erfrierungen,
  Verbrennungen, Schnitte, Tierbisse usw.
- Psychische Traumata, wie nach Todesfällen,
  Beziehungskrisen usw.

Beachte:

Bei der Verlaufsbeurteilung muss zwischen „echten" akuten Erkrankungen und akutem „Aufflackern" chronischer Erkrankungen und so genannten Erstverschlimmerungen unterschieden werden.

Ein akuter Schub bei chronischem Rheuma, Asthma, Multiple Sklerose u. a. entspricht zwar dem einer akuten Erkrankung, muss aber häufig anders beurteilt und meist auch anders therapiert werden, als das bei einer „echten" akuten Erkrankung der Fall ist.

Ausnahmen

Bleiben längerfristig Restzustände (z. B. durch bestimmte Miasmenzustände) nach einer akuten Erkrankung zurück, unterliegt deren Behandlung den Gesetzmäßigkeiten der Behandlung von chronisch Kranken.

Das Gleiche gilt, wenn dieselbe Akuterkrankung bei einem Patienten ungewöhnlich häufig auftritt (z. B. wiederkehrende Mandel- oder Mittelohrentzündungen).

Nehmen akute Erkrankungen einen ungewöhnlichen Verlauf oder treten Komplikationen auf, z. B. eine Lungenentzündung bei Masern, muss die konstitutionelle gesundheitliche Situation in Betracht gezogen werden.

Stehen „objektive" Blockaden im Wege (Prothesen, Zahnersatz, ...), kann es erforderlich sein, erst die Wege der Heilung klinisch „freizubrechen", auf das die Lebenskraft ihren Weg der Entfaltung wieder findet.

Bei Allergien ist es weniger wichtig, gegen was der Patient allergisch ist, sondern DASS er allergisch ist.

Praktisches Vorgehen

Selbstredend muss der Therapeut immer genau seine eigenen Grenzen kennen, um entscheiden zu können, ob er weiter macht oder abgibt bzw. ob es angezeigt ist, die natürlichen Heilmethoden zusätzlich zu eventuell nötigen notfallmedizinischen, chirurgischen oder psychotherapeutischen Behandlungen begleitend einzusetzen.

Wegweisend für die Beurteilung der Behandlung ist die Verbesserung des Allgemeinbefindens, eventuell in Kombination psychischer Symptome. Letztere haben im Akuten jedoch nicht DIE Wichtigkeit, wie im chronischen, da bei akuten Erkrankungen in der Regel allein mit dem Nachlassen des z. B. Schmerzes, auch das Gemüt wieder von Sonne erhellt wird.

Beobachte:

Allerdings sollten sich bei der lokalen Verbesserung, der Allgemeinzustand oder das Gemüt NICHT verschlechtern oder schlecht bleiben!

Bei der Behandlung akuter Erkrankungen kann es zu einer Erstverschlechterung kommen. Meist tritt diese schnell nach der Behandlung auf, ist sehr kurz und betrifft vorwiegend die Lokalsymptomatik, NIE das Allgemeinbefinden oder die Psyche. Also Abwarten und genau beobachten! (Ausnahmen können „tote Blockaden" sein, wie die erwähnten Zahnbrücken u. ä.) Auch ist zu prüfen, ob der Krankheitsverlauf, die Entwicklung zur Gesundheit oder eine negative Entwicklung, wirklich mit einer Reaktion auf die Heilbehandlung in Verbindungen zu bringen ist.

• Erstverschlechterung bzw. Heilwiderstand

Dieses, auch als Heilreaktion bezeichnete Phänomen ist, wie bereits mehrfach angedeutet, mitunter ein Zeichen für den Beginn der Heilung, ABER NICHT die Heilung selbst. Neben dem zu Ende bringen abgebrochener Erkrankungen bzw. Wandlungsphasen, kann hierbei auch vom Widerstand gegen die Heilung gesprochen werden oder bildhaft ausgedrückt, wehrt sich das Alte gegen das Neue. Heilung selbst ist immer frei von Leiden!

Bedenke:
Ein verbesserter Allgemeinzustand ist unabhängig vom Lokalbefund ein häufiger Indikator für eine positive Wirkung!

• Gesundungsreaktion

Diese ist von der Erstverschlechterung abzugrenzen. Dazu zählen unter anderem Ausscheidungsreaktionen (Absonderungen, Durchfall, Erbrechen oder Hautausschläge, wenn diese nicht zum Krankheitsbild gehören). Selbst Fieber kann im Rahmen eines Heilungsverlaufes als positiv angesehen werden.

Beachte:
Solche Ausscheidungsreaktionen gehen immer mit einer Verbesserung des Allgemeinbefindens einher.
Andernfalls handelt es sich wohl eher um eine Veränderung oder Verschlechterung.

Gerade bei dieser Verbesserung des Allgemeinbefindens heißt es, abwarten und weiter wirken lassen. Auf KEINEN Fall die Ausscheidungen unterdrücken oder die Temperatur senken, weder durch weitere Behandlungen noch homöopathische Mittel noch durch allopathische Medikamente oder Hausmittel (Wadenwickel, Phytotherapeutika, ...).

• Arzneireaktion

Diese ist klar von der Erstverschlimmerung oder der Gesundungsreaktion abzugrenzen, da es sich um eine Arzneiwirkung von Art der Arzneimittelprüfung handelt. bzw. auch als Nebenwirkung angesehen werden kann.

Bedenke:
Krankheitszustände verändern sich auch ohne Zutun von außen - sowohl zum Positiven als auch zum Negativen.

• Häufige Fehler der Verlaufsbeurteilung

- Der spontane Krankheitsverlauf zum Positiven wird als Heilwirkung interpretiert.
- Der spontane Krankheitsverlauf zum Schlechteren wird als Erstverschlimmerung/Ausscheidungsreaktion interpretiert.
- Die Erstverschlechterung/Ausscheidungsreaktion wird als

spontaner Krankheitsverlauf bewertet.
- Die Wirkung wird als Erstverschlimmerung/
  Ausscheidungsreaktion fehlinterpretiert.
- Die Erkrankung wird in ihrem Verlauf falsch eingeschätzt
  (z. B. Fehldiagnose).

Faustregel:
kurzer Erkrankungsverlauf – schnelle Wirkung
langer Erkrankungsverlauf – langsame Wirkung

7.1.2 Verlaufsbeurteilung bei chronischen Erkrankungen

Bedenke:
Chronische Erkrankungen haben keine Selbstheilungstendenz
und verlaufen mit unterschiedlicher Dynamik über Jahre und
Jahrzehnte. /1/

Dazu zählen u. a. Autoimmunerkrankungen wie Rheuma,
neoplastische Erkrankungen, psychische Erkrankungen und
Erkrankungen des Nervensystems wie Multiple Sklerose und
Psychosen, allergische Erkrankungen usw.

Der Verlauf ist vom grundsätzlichen Gesundheitszustand (siehe auch Konstitution) des Patienten geprägt, wodurch sich un-
terschiedliche Verläufe bei „identischen" Diagnosen erklären.
Daher stellt die Verlaufsbeurteilung bei der Behandlung chronisch Kranker eine der größten Herausforderungen dar. Was
nichts anderes heißt als eine gewissenhafte, klare Beurteilung
der Wirkung und des Heilungsverlaufes, nach einem Start mit
der richtigen Methode durchzuführen, um die Behandlung
erfolgreich abschließen zu können. Also „geheilt" für den zu
erreichenden Zustand sagen zu können.

Gelingt das nicht, liegen dem häufig eine Reihe von Fehlern zugrunde, z. B.:

- wurde der passende Weg zu Gunsten eines anderen verlassen,
- wird der bisherige Weg trotz negativen Therapieverlaufs nicht überprüft und damit die Heilung verzögert oder verhindert
- wird die Wirksamkeit der Behandlung bezweifelt bzw. verabsolutiert und damit zu früh wiederholt bzw. die Therapie vorzeitig beendet.

Zusammengefasst sind nach dem Homöopathen Kent die gewöhnlichsten Wirkungen natürlicher Heilverfahren entweder Verschlimmerung oder Besserung, und die Verschlimmerung kann zweierlei Art sein:

1. Verschlimmerung der Krankheit,
   bei der es dem Patient schlechter geht:

   ---> verkehrte Behandlung

2. Verschlimmerung der Symptome,
   bei denen es dem Kranken besser geht:

   ---> Behandlung fortführen

Beobachte:
Bei echten, als Verschlimmerungen bezeichneten Heilreaktionen sind die Symptome schlimmer, aber der Patient sagt: „Ich fühle mich besser."

Beachte:

Echte Erstverschlimmerungen treten in der Praxis bei etwa 30 bis 40 Prozent der Patienten und bei richtiger Verordnung auf. Sie müssen demzufolge NICHT erscheinen!

• Heilungsverlauf

Oft taucht die Frage auf, wie sich Heilung zeigt. Fast kann darauf geantwortet werden: Na, genau andersherum, wie die Erkrankung sich in die Tiefen des Menschen verzog bzw. hineingedrückt wurde (siehe unten: Das Ballgleichnis).

Gestaltet die Lebenskraft unsere Lebendigkeit von innen nach außen, zieht sie sich auf umgekehrten Wege wieder zurück, wenn die Bedingungen für ihren Entäußerungsprozess nicht mehr gegeben sind. Ihrem, durch Zurückzug mit sich bringenden, Kräfteverfall folgen wie Fliegen die Symptome der Erkrankung und gestalten sich damit umso gefährlicher, je näher sie den lebenswichtigen Zentren (Organen) kommen.

Dieser Rückzug kann mit dem natürlichen Ende des Lebens ebenso einhergehen, wie durch medikamentöses Unterdrücken und ähnliches.

Daher erfolgt der Heilungsvorgang in genau die andere Richtung, wie es die Hering'schen Regeln so eindrücklich besagen. Bemerkenswert dabei ist, dass der Fluss der Zeit bzw. was man dafür auch halten mag, sich in entgegengesetzte Richtung zu drehen scheint.

• Das Ballgleichnis

Kein Lüftchen bewegt die Oberfläche des Meeres. Du stehst im Wasser und drückst mit Deiner Kraft einen Ball tief nach unten. Dann verharrst Du in Stille. Die Oberfläche des Wassers glättet sich wieder und es könnte gedacht werden, da unten ist gar kein Ball. Aber sobald Du nachlässt, den Ball mit Deiner Kraft nach unten zu drücken, wird er, je nach seiner Auftriebskraft in die Höhe schnellen und das schöne Bild von einer glatten Wasserfläche drastisch stören.

Gleiches geschieht mit der Unterdrückung von Krankheitszeichen, z. B. auf der Hautoberfläche. Solange die unterdrückende Kraft der Salben wirkt, bleibt das Symptom unsichtbar. Ist noch genügend Lebenskraft vorhanden, kann sogar die Wirkung der Salbe überwunden werden und trotzdem das Symptom wieder erscheinen bzw. zeigt sich das Symptom nach dem Weglassen der Salbe wieder. Das geht solange, bis entweder eine echte Heilbehandlung durchgeführt wird oder die Lebenskraft versiegt. Im letzteren Fall ist das kein Heilungserfolg, sondern die Nähe des Zusammenbruchs.

• Die Hering'schen Regeln zur Beurteilung des Heilungsverlaufes

Während einer homöopathischen Behandlung (bzw. jeder Heilung, die diesen Namen verdient) verschwinden die Symptome:

1.) von innen nach außen:

- von den inneren, lebenswichtigen Organen zu den „unwichtigen", äußeren Körperteilen

2.) von oben nach unten (wenn möglich):

- Gelenkbeschwerden wandern z. B. von den oberen zu den unteren Extremitäten,

- Hauterkrankungen verlagern sich von der oberen auf die untere Körperhälfte usw.

3.) in umgekehrter Reihenfolge ihres Auftretens:

- zuletzt entstandene Beschwerden, verschwinden zuerst. Die Symptomatologie (anamnestisch vorhanden) wird in umgekehrter Reihenfolge durchlaufen.

Bedenke:

Diese Regeln gelten NICHT bedingungslos und generell. Heilungen können auch ohne deren Beobachtung erfolgen. Treten sie aber auf, sind sie gute Zeichen einer Gesundung.

Um die Hering'schen Regeln beobachten zu können, ist mitunter hartnäckiges Dranbleiben mit homöopathischen bzw. schamanischen, energetisch-geistigen Behandlungen notwendig. Aber manchmal genügt auch eine einzige Sitzung. Wie gesagt, Heilung ist auch immer ein Schritt ins Unbekannte hinein.

Abzugrenzen vom Wiederauftreten früherer Symptome sind neue, vom Patienten bisher nicht durchgemachte akute und/ oder chronische Erkrankungen.

Zur Orientierung:

Treten im Therapieverlauf neue Erkrankungen auf, die in ihrem Verlauf harmloser als die geheilte sind, kann der Gesundheitszustand als gebessert beurteilt werden.

Über Ausscheidungsreaktionen wurde bereits gesprochen. Keine erkennbaren Reaktionen können auf den falschen Weg hindeuten aber auch auf bestehende Heilungsblockaden bzw. Erkrankungsursachen, z. B. infolge andauernder Konfliktsituationen, wie

Reif für den Narrensprung

- unglückliche Beziehung, andauernde und existenzielle finanzielle Probleme,
- ungünstiger Lebenswandel (Drogenkonsum, extremer Schlafmangel, ...) oder um
- ein Fortbestehen der schädigenden Einflüsse aus Arbeit und Privatleben.

Für die Lösung solcher Blockaden ist der Leidende „in die Pflicht" zu nehmen, wie Umstellung seiner Lebensgewohnheiten, bedingungslose Bereitschaft für seine eigene Gesundheit u. a.

Eine weitere Heilblockade kann im Miasmatischem Bereich liegen.

Immer ist also der Maßstab an jede Heilbehandlung dahingehend zu stellen, dass das Leiden abnimmt, die Vitalität zunimmt und abgesehen von Heilreaktionen keine neuen Leiden hinzukommen. Heilreaktionen sind dahingehend keine neuen Leiden als dass sie nur vergehende, alte Leiden anzeigen. So wie etwas auftritt, löst es sich wieder.

8. EINIGE URSÄCHLICH WIRKENDE HEILVERFAHREN

Dabei sei darauf verwiesen, dass jedes Heilverfahren bei Nichtbeachtung von grundsätzlich dem Leben innewohnenden Eigenheiten, auch gegen das Leben eingesetzt werden kann. Demzufolge gibt es nur Heilverfahren, die tendenziell besonders gut mit dem Leben wirken und solche, die gegen das Leben gerichtet sind. Immer kommt es auf die Absicht an, wie an den Erkrankten herangegangen wird.

Trotzdem seien hier einige Heilverfahren aufgeführt, die dem Leben besonders nahe stehen:

- Geistig-energetische Wege, insbesondere schamanische Methoden
- Die Homöopathie
- Die Pflanzenheilkunde
- Neuraltherapie/Akupunktur

9. ERFORDERNISSE, WAS NUR SELBST GETAN WERDEN KANN, UM GESUND ZU WERDEN

Was jeder und nur selbst tun kann, sind Entscheidungen zu treffen, die ihm dienlich sind, seine Lebendigkeit befördern, also zu Lebendigkeit, Zufriedenheit, Erfülltsein, Sinn und geistig-seelisch-körperlich-gesellschaftlichen Wohlbefinden führt.

Heilsein ist nicht nur die Abwesenheit von Erkrankungen.

Wie bereits bei „Neurodermitis" angerissen, hier die wesentlichen Schritte, um Heilung bewirken zu können:

• **Das Eingeständnis**

Es ist sich überhaupt erst einmal einzugestehen, dass etwas zu ändern ist, anstatt sich gedanken- und hilflos an andere Menschen (in weiß) auszuliefern. Das allverbreitete Motto: „Ich lass alles mit mir machen, wenn es der Arzt sagt." ist doch eine katastrophale Lebenshaltung und eine tiefe Missachtung des eigenen Lebens. Gifte zu schlucken, sich beschneiden und bestrahlen zu lassen, obwohl man ein ungutes Gefühl dabei hat, nur weil es ein Arzt so wünscht, spricht nicht direkt gegen den Arzt, sondern viel mehr gegen den sich verstümmeln Lassenden selbst.

Dabei geht es keinesfalls um ein Schuldeingeständnis, sondern darum einzusehen, dass die Ursachen woanders liegen, also die Symptome nicht die Leiden sind.

Das erfordert die Bereitschaft anzuerkennen, wie sehr das Leiden (u. a. abgesehen äußerlicher und erblicher Gründe) durch einen selbst erschaffen wurde. Das heißt absolut nicht, daran Schuld zu sein, sondern es selbst Kraft der eigenen Schöpferkraft zumeist unbewusst hervorgebracht und gestaltet zu haben.

Ein Kunstwerk:
Jedes Leiden ist ein erstaunliches Kunstwerk, was letztlich eine gute Botschaft beinhaltet, die da heißt, wenn eine Mensch zu einer solchen Schöpfung in der Lage ist, um wieviel mehr ist er in der Lage ein Kunstwerk des Heilseins zu gestalten!!!

• Die Bereitschaft

Was nützt eine Heilbehandlung, wenn gar keine kraftvolle Bereitschaft da ist, bedingungslos Heil sein zu wollen?

Lau ist Heilung nicht zu haben und auch nicht mit ein bisschen ausprobieren. Es ist dran zu bleiben, mit Leidenschaft, Lust und Liebe. Und es ist unbedingt erforderlich das Leben endlich als solchen zu nehmen, was es ist, eine freudvolle, spannende und abenteuerliche Forschungsreise auf Erden. Leben kann nur ins Unbekannte, Unvertraute hinein fließen. Alles andere ist nur ein Schatten von Lebendigkeit. Wer mag schon geboren werden, um noch aus der Gebärmutter heraus geradlinig auf seinen Grabstein zu blicken?

Leben als Wagnis:

Nein, Leben und damit Heilung ist immer ein Wagnis, ein Schritt in den Nebel der Zukunft hinein. Wer anderes sagt und verspricht, täuscht vor, um womöglich seine unterdrückenden Behandlungen an Frau oder Mann zu bringen.

Erst wenn die bedingungslose Bereitschaft da ist, jetzt heil zu werden jetzt zu leben, jetzt für das Leben einen Narrensprung zu vollziehen, kann Heilung bewirkt werden, kann Leben wieder in Fülle fließen.

• Der Traum

Zum Eingeständnis und zur Bereitschaft ist unabdingbar ein Traum, eine Vorstellung, eine Imagination vom eigenen Heilsein erforderlich. Wohin soll denn die aktivierte, die befreite Kraft fließen, wenn gar kein „Wegweiser" da ist, wohin ab sofort die Lebensreise gehen soll? Sie wird unweigerlich und chaotisch in des alten oder in neues Leiden strömen!

Dabei braucht es weder einen Plan, noch das Wissen um die Schritte, wie das Ziel des Heilseins erreicht werden soll, nur wie das Heilsein sich erträumt wird, das ist wichtig. Den „Rest" erledigt unsere befreite und jubilierende Seele, weil sie endlich gestalten darf, weshalb sie hier auf Erden gekommen und zu uns geworden ist.

Keine Konstruktion:

Diese drei Voraussetzungen der Heilung sind keine Konstruktionen sondern vollziehen nur das, was Leben ist und wie es eingangs beschrieben wurde, den Soffwechselprozess des Lebens in Form eines weiteren, den des Stoffwechsels der Heilung. Diese Aussage gründet auf der Beobachtung, dass Erkrankungen durchaus auch als (behinderte) Wandlungsprozesse begriffen werden können. Und Leben IST Wandlung, also nichts anderes als das, was als Stoffwechsel bezeichnet wird.

Kurz ausgedrückt ist LEBEN = WANDLUNG.

Damit schließt sich der Kreis und es wird offenbar, das Leben wie Heilung nur Wandlung sein kann. Diese ist zu gewährleisten und dafür gilt es die Bedingungen zu schaffen.

9.1 Zu den erforderlichen Bedingungen

Erkrankungen sind keine verinnerlichten Äußerlichkeiten, sondern individuelle Ausdrücke von Disharmonien, wie auch immer. Daraus ergibt sich, was getan werden muss, um Heilung zu bewirken bzw. um heil zu bleiben: zu gießen! Ausführlicher beschrieben ist es so, dass die Heilbehandlung eine Geburt bzw. bei Pflanzen der in die Erde gelegte Samen ist. Erst dann beginnt der Gesundungsprozess. Dafür sind die Bedingungen zu verwirklichen. Der Anschaulichkeit halber bleibe ich bei der Samenanalogie. Der ist zu gießen, es ist der Boden luftig zu hacken und für genügend Sonne zu sorgen. Natürlich muss Raum zum Wachsen sein und auch Kühe und Raupen sollten fern gehalten werden, sonst ist es schnell vorbei mit dem neuen Leben. Dann keimt der Samen von selbst. Er treibt Wurzeln aus und bald zeigen sich Blätter und irgendwann die Blüten. Nichts davon kann der fürsorgliche Gärtner selbst aus dem Samen „herausziehen" außer, wie gesagt, die Bedingungen zur Entfaltung der Pflanze schaffen. Mehr nicht und mehr braucht es auch nicht.

Aber wir Menschen sind selbst unsere Gärtner. Kommen wir dieser Aufgabe nach, heilen wir von allein. Das nennt sich dann Selbstheilung.

Für Menschen sind diese Bedingungen nicht nur die Erfüllung der anfangs erwähnten Grundbedürfnisse sondern auch die Art und Weise, wie diese gemeinschaftlich erfüllt werden können, also wie die gesamtgesellschaftlichen Lebensreproduktionsbedingungen aussehen.

Werden diese direkt befriedigt oder über Umwege, zum Beispiel den des Geldes?

Wie wird Krankheit definiert? Ist der Husten böse oder ist er Ausdruck und damit dankenswertes Zeichen einer zu befördernden Wandlung, stärkenden Schwäche, lösenden Blockade usw.?

So stellt sich jetzt die Frage, was ist denn nun ganzheitliche Heilung bzw. ganzheitliche Gesundheit?

10. AUSSAGEN ÜBER ALLSEITIGE GESUNDHEIT

Sicherlich gibt es hier so viele Antworten, wie die Erde Menschen zählt. Daher kann ich hier nur auf die grundsätzlichen Kriterien und Erfordernisse eingehen.

• Individuelles Erleben

Zuallererst hat allseitiges Heilsein etwas mit dem individuellen Erleben zu tun und viel weniger mit vermeintlich objektiven Messwerten. Diese können nur wieder durch abstrakt-ideologische Konstrukte gefiltert zur Anwendung kommen, sind also für die Wahrnehmung von dem was Heilsein ist, untauglich. Drastisch ausgedrückt, kann sich ein Sterbender ganzheitlich heil erleben und ein durchtrainierter Spitzensportler anhand von Mess- und Laborwerten als krank.

• Ganzheitlichkeit

Der Mensch ist nur Mensch als gesellschaftliches Wesen. Damit sind die nur wörtlich und der Anschaulichkeit halber getrennt formulierten Teile aufzeigbar:

- Körper
- Geist
- Seele
- Gesellschaftlichkeit

Dabei bilden die drei ersteren das bewusst individuelle Erleben und der vierte Punkt den arteigenen „Rahmen", in dem sich die ersteren entfalten. Allerdings sei eindeutig darauf hingewiesen, dass dieser Rahmen NUR in der Gemeinschaftlichkeit der Lebensreproduktion „von Natur aus" vorgegeben ist. WIE dieser Rahmen jedoch konkret historisch gestaltet wird, ist eine unbewusste oder bewusste Leistung der Menschheit UND damit frei für absichtliche Veränderung.

Natürlich treten die drei inhaltlichen Teile immer in Wechselwirkungen mit dem Formgebenden der allgemeinen Gesellschaftlichkeit. Die Form der Gesellschaftlichkeit braucht die Individualität und anders herum.

Somit kann ein Individuum aus der Sache selbst heraus nur ganzheitlich ganz sein, wenn auch die gesellschaftliche Form, in der es sich bewegt, ganz ist, also individuell dem Leben dienlich erlebt und vollzogen werden kann.

Ganzheitliche Heilung bzw. ganzheitliches Heilsein muss, wie auch immer, diese drei individuellen Teile und deren Rahmenbedingungen betrachten, sonst bleibt ganzheitliche Heilung eine Mär.

Nur die Individualität ganz unabhängig von ihren gesellschaftlichen Grundlagen zu betrachten und heilen zu wollen, und das als ganzheitlich auszugeben, ist nicht nur Betrug sondern wirkt kontrafaktisch und damit blockierend auf die individuelle Heilung zurück.

Es kommt an einen Punkt, da die individuelle an den zu engen, zerstörerischen Rahmen der gesellschaftlichen Reproduktionsweise stößt. Das kann weher tun als das Leiden vorher.

Notwendiger Hinweis:

Daher kann es erforderlich sein, deutlich darauf hinzuweisen, dass eine beabsichtigte grundlegende individuelle Heilung das Individuum eckig und kantig, also individuell machen wird, was zumeist in Widerspruch mit den lebensfeindlichen Gegebenheiten steht.

Eine negative gesellschaftliche Form, die alltäglich als natürlich gelebt und vollzogen wird, muss individuelle Heilung ab einem gewissen Punkt abwürgen, weil sie in vielen Fällen die Ursache für das Leiden ist.

10.1 Aktuelle Möglichkeiten

Da gegenwärtig noch keine sozial wirkmächtige Bewegung zu sehen ist, die die gesellschaftliche Form hin zu lebensbefördernden Strukturen und Prozessen verändert, kann es gegenwärtig nur darum gehen, sich soviel Freiraum wie möglich zu

schaffen. Das setzt Mut voraus und Aushalten möglichen An-
eckens. Aber, wenn es ums eigene Leben geht, sollte dies doch
machbar sein.

Leider ist eine Tendenz zu beobachten, dass Verstümmelung,
Lähmung und billigendes Inkaufnehmen des eigenen Sterbens
einer Heilung vorgezogen wird. Was wiederum tiefe Rückschlüsse auf das allgemein verzerrte Befinden und Wahrnehmen von dem ist, was Leben heißt.

Konkret heißt es, für sein Leben einzutreten:

- Wahrnehmen, wie es ist bzw. was dem Leben dienlich ist
- Verweigerung von allen lebensfeindlichen Zumutungen
- Unverhandelbare Forderungen stellen, was die natürliche
  Bedürfnisbefriedigung betrifft
- mehrere Meinungen von verschiedenen Fachleuten
  einholen, insbesonders von schulmedizinischer und
  natürlicher Medizin
- nie zeitlich und mental unter Druck setzen lassen (Leiden
  brauchten zumeist viele Zeit, um heranzureifen und daher
  ist meistens Zeit, in Ruhe nachzudenken)
- Selbstermächtigung, anstatt magische Gutgläubigkeit an
  die wundersame Macht von Schulmedizien mit ihren
  Zauberdingen (Technik, Sprache, Tabletten, Strahlen usw.)
- Weitestgehender Verzicht bzw. sinnvolle Minimierung
  der alltäglichen Abtötungsformen, wie Fahren, Handy,
  Klimatisierung, Fernsehen, Industriekost, Drogen(Zucker,
  Kaffee, Kakao ...), abstrakte Arbeit, Warenkonsum usw.
  (Was nicht heißt, das Leben nicht zu genießen, sondern
  es von Genussersatzformen, wie Bilder, technische
  „Prothesen" zu befreien und konkret-sinnlich zu genießen.)
- Naturnähe suchen

- in ansatzweise geld- und konkurrenzzweckfreien
  Gemeinschaften leben (wenn dies auch nur wenig möglich
  ist, solange der gesamte Zusammenhang des Selbstzweckes
  noch existiert)
- naturnahe Heilwege wählen

11. BEDENKLICHES

Eigentlich ist es leicht, den Unterschied zwischen lebensdien-
lichen und lebensfeindlichen Heilwegen zu erkennen, doch
dem entgegen stehen nicht nur soziale Prägungen von Kindesbeinen an, sondern eine erdumspannende Produktions- und
Lebensweise, die ihren lebensfeindlichen Selbstzweck der Lebensvernutzung an unsere menschliche Lebensreproduktion
gebunden hat. Das ist nicht nur fatal, er fordert Leben zu vernutzen um es zu erhalten, was ein unlösbarer Widerspruch an
sich ist, sondern zwingt auch dann, ihm zu dienen, selbst wenn
er durchschaut und erkannt ist. Allein kann ihm nur Freiraum
abgerungen werden, was bereits mehr ist als was zumeist gewagt wird, aber mehr ist nur gemeinsam in bewusster Absicht
möglich.
Und hier kommt ein wichtiger, bisher an dieser Stelle wenig be-
achteter und doch wesentlicher Punkt von Heilung ins Spiel,
die menschliche, mitfühlende Anteilnahme. Mit menschen-
verachtender Brutalität, wie es letztlich viele schulmedizinische Methoden zeigen, kann Heilung nicht wirklich bewirkt
werden.

Ein weiterer wichtiger Punkt, zu erkennen, was gegenwärtige
Schulmedizin sich tatsächlich anmaßt, ist, dass sie einer 4,5
Milliarden Jahre währenden und äußerst erfolgreichen Lebens-

evolution unterstellt, gepfuscht zu haben und erst die seit zwei, drei Jahrhunderten bestehende naturwissenschaftlich orientierte Behandlungsweise könne dem Leben auf die Sprünge helfen. Aber ganz ehrlich, wäre dann Leben überhaupt bis dahin gekommen, wenn es so ein Pfusch ist?

Zu guter Letzt ein Hinweis zur angeblich ach so rationalen Naturwissenschaft und damit auch Schulmedizin. Bei genauerem Betrachten offenbaren sie unverkennbar schwarzmagische Züge. Sie zeigen sich in äußerst festgefahrenen Ritualen, nutzen eine Geheimsprache, die zu beherrschen das Geheimwissen aus entsprechenden Zauberbüchern erst verständlich machen. Sie operieren mit Anmaßung, Herrschaft und Entmächtigung, gegenüber denen, die sich ihnen für Hilfe (mit ihrem Blut) verschreiben. Auch erzwingen sie das Dienen der natürlichen Kräfte.

Und die bei ihnen um Hilfe Suchenden, müssen sich und machen es auch, völlig mit Leib, Leben und Seele, also auf Gedeih und Verderb ausliefern, sonst wird mit fürchterlichsten Folgen gedroht. Auch bemessen diese den Zauberdingen magische, ja gottähnliche Macht zu. Sie glauben allen Ernstes, eine kleine weiße oder bunte Tablette, könne so etwas wie Heilung erzwingen; ein unendlich komplexes und letztlich nie wirklich verstehbares Wesen, wie beispielsweise den Menschen damit heilen.

Im Gegensatz zu den kleinen weißen Globulis der Homöopathie, die nur einen Reiz setzen, um die Selbstheilungskräfte anzuregen, geht es bei den Tabletten um Herrschaft und Zwang und um Abnahme der Selbstheilungskräfte, was freilich nicht nur Entmächtigung und Gutgläubigkeit in höchstem Maße ist, sonder auch Dummheit und Verrücktheit in nicht zu überbietbarer Anmaßung.

Wer religiös ist, müsste eigentlich aufschreien, da seinem Gott Pfusch an der Schöpfung unterstellt wird. Seltsam dabei, dass gerade viele Gläubige diese Anmaßung glauben und befördern.

Alles in allem sei also gesagt, der Gebrauch der eigenen Sinne, des eigenen Sinns für das, was Lebendigkeit ist, sollte als Kriterium genommen werden, was dem Leben dienlich werden kann. Damit erfüllt sich Sinn des Hierseins und Sinn des Lebens.

ÜBERLEITUNG
GESELLSCHAFTLICHE GESUNDHEIT

Wie Kaninchen ins Schlangenmaul starren wir gelähmt auf die Bilder von Terror und Krieg. Gelähmt im Glauben sowieso nichts ändern zu können, weil das schon immer so gewesen sei. Was aber nur insoweit wahr ist, als wir selbst es erlauben, unser Leben in „teuflischen Mühlen" zu toten Reichtümern und fremder Macht zu zermahlen. Nur jenseits davon kann sich Lösung finden; wenn wir dort anfangen, wo Kapitalismus endet, bei Menschlichkeit, also bei Leben.

Aus Angst unser Leben nicht mehr finanzieren zu können, springen wir freiwillig in diese „Mühlen" hinein. Wir treten und strampeln, töten und schlagen und heulen, nur davon lassen, das wollen wir nicht; obwohl sie uns Menschen vernichten, mal langsam, mal schnell. Aber das liegt weder an irgendeinem Teufel, an Unfähigkeit noch an unserer vermeintlich menschlichen Schlechtigkeit, sondern ist Ergebnis eines geschichtlichen Entwicklungsprozesses, der von Menschen verwirklicht und demzufolge von Menschen verändert werden kann. Der Mensch wird erst zum Ungeheuer, wenn er nicht Mensch sein darf.

Menschliche Gesellschaft aber hat sich grundlegend an den Lebensbedürfnissen von Mensch und Natur zu orientieren. Das heißt, natürliche und soziale Lebensbedürfnisse wie Essen, Trinken, Wohnen und Mitgefühl sind unverhandelbar und ohne negative Folgen zu erfüllen. Lebensbedürfnisse sind immer konkret (fassbar) und sinnlich, wie es Leben ist. Damit verbietet sich jedes Anlegen von künstlichen (abstrakten) Kriterien, an die Leben anzupassen sei.

Die jetzige Lebens- und Produktionsweise jedoch bemisst Leben anhand künstlich geschaffener Bewertungs-

kriterien, wie z. B. Rentabilität und Finanzierbarkeit, Schulnoten, Geldbesitz, Verwertbarkeit von Körperkraft und Geistesfähigkeiten. Diese Form von Gesellschaftlichkeit muss sich irgendwann selbst zerstören. Das liegt in ihrem Wesen begründet, wie in einer tickenden Zeitbombe, die niemand entschärft. Denn diese, vor Jahrhunderten in Gang gesetzte und stets beförderte „Selbstzerstörungsprozess" führt NICHT von selbst in eine lebenszugewandte Daseinsweise. Für diese ist sich bewusst zu entscheiden, sie ist bewusst herbeizuführen, indem die bisherige Daseinsweise bewusst zu beenden ist.

Denn wie können wir hoffen, mit diesen grausamen „Mühlen", die unsere Leiden „ermahlen", zu gleich auch unsere Heilung zu finden? Wie medizinische Chemotherapien Lebendigkeit schwächen, um es vermeintlich erhalten zu wollen, versuchen wir gleiches, indem wir uns alltäglich zu Tode „zermahlen". Denn nichts anderes geschieht durch Konkurrenz, Geldvermehrung und Lebensverwertung (durch Verbrauch von Lebenszeit und -kraft mittels Arbeit). Auf Basis dieser kapitalistischen Grundprinzipien richten wir unser Leben derzeit an Ideologien, Zahlen und Werten aus, anstatt an unseren lebendigen, natürlichen und sozialen Bedürfnissen. Alle menschliche und natürliche Vielfalt wird gleichmacherisch anhand von Wert bemessen. Das ist die eigentliche Unmöglichkeit, die in menschlicher Überhebung versucht wird, mit aller Gewalt und gegeneinander am Leben zu erhalten. Um wieviel einfacher sollte es doch sein, miteinander die ganze Vielfältigkeit des Lebens zuzulassen und bewusst zu gestalten.

Aber es kann nur andersherum gehen, was auch heißt, dass es KEINE Utopien mehr geben darf, an die Menschen anzupassen sind.

> **Utopie**
>
> *Unter Utopien sind im hier gebrauchten Sinne theoretisch konstruierte Gesellschaftsordnungen zu verstehen, an die das menschliche Leben anzupassen sei, um es bestmöglichst zu gewährleisten. Wozu aber dieser abstrakte Ansatz führt, zeigt die Geschichte nicht nur anhand des schrecklichen Preises, den man angeblich für einen vermeintlichen Sozialismus zu zahlen hatte, sondern auch in unserer alltäglichen Daseinsweise, dem Kapitalismus. Denn auch er ist die Verwirklichung einer Utopie, wenn auch einer äußerst negativen!*

Eine künftige lebenszugewandte Gesellschaft ist daher auf praktische Weise zu verwirklichen. Die einzelnen Schritte dahin haben sich immer wieder an konkrete und sinnlich erfahrbare Bedingungen und Lebenserfordernisse zu orientieren und niemals mehr an konstruierte Utopien samt deren experimentellen Laborbedingungen. Nichts anderes sind die nachfolgend erwähnten drei Grundprinzipien des Kapitalismus, der, um überhaupt bestehen zu können, nur unter andauerndem Ausschluss der Vielfalt des Lebens und der Natur bestehen kann. **Er (Kapitalismus) ist das menschengemachte, anhaltende Experiment einer Daseinsweise, wie sich Menschen unter den künstlich geschaffenen (Labor-)Bedingungen der Verhandelbarkeit ihrer natürlichen und sozialen Bedürfnisse, verhalten, verwerten und abtöten lassen.** Doch dringend anstehende Aufgaben für unser menschliches (Über-)Leben sowie den Erhalt von Natur samt Anregung ihrer natürlichen Selbstheilungskräfte werden für den Erhalt dieses „Experiments" durch ausufernde Gewalt, mediale Verblendung, gesetzlichem Zwang, aber auch alltäglichen Gewohnheiten und Überzeugungen bis aufs Äußerste verhindert.

Das „Alte" wehrt sich verzweifelt grausam! Gerade deshalb ist es zum Verrücktwerden, dass es uns bisher nicht gelingt, unsere „gesellschaftlichen Dinge" bewusst in die Hand zu nehmen! Dabei liegt offenbar die größte Hürde in vielen kleinen, seit Generationen gewohnten Traditionen, Gedanken und Handlungen jedes Einzelnen, welche überhaupt nicht als Grund für all dieses Leiden auf Erden erlebt werden. Aber gerade diese unauffälligen Gewohnheiten sind häufig die am schwierigsten zu verändernden. So fehlen bisher Antrieb und Einsicht, jedoch Möglichkeiten gibt es genug. Nur werden sie nicht gesehen, weil wir gelähmt starren, auf die mahlenden „Mühlen des Teufels".

Um unseren Blick aus der Starre zu lösen, habe ich so umfassend wie möglich versucht, Eckdaten zu formulieren, die aus dieser unerträglichen (auch gewollten) Lähmung heraushelfen. Was tatsächlich ziemlich leicht sein kann! Aber es braucht die Bereitschaft, auch sich selbst als automatisch vollziehendes Teil dieser zerstörerischen Lebensweise erkennen zu wollen. Das ist die eigentliche Schwierigkeit!
Allerdings hat das gar nichts mit Schuldzuweisung oder Selbstverurteilung zu tun. Es ist ein geschichtlich geschaffener Ist-Zustand.

Nur wenn ich weiß, wo ich stehe, weiß ich,
von wo aus ich wohin loslaufen kann.

Unbewusst kann dieser allumfassenden, kapitalistischen Zumutung, diesen „Mühlen des Teufels" nicht heilsam entronnen werden. Dafür ist eine absichtlich zu schaffende, wirkmächtige soziale Bewegung jenseits unserer kapitalistischen Lebens- und Produktionsweise vonnöten. Diese darf weder Partei, Verein noch sonst eine gleichmacherische Versammlung von Funktionären sein, weil diese nur systemerhaltend wirken können, und das würde weiterhin Lebendigkeit zurechtstutzend anpassen, unterdrücken und zerstören – siehe allein die Problematik der Parteidisziplin.

Noch nicht zu wissen, wie eine solch lebenszugewandte soziale Eingreifsmacht auszusehen hat, ist eine weitere Schwierigkeit; obwohl gerade darin (in unvertrauten Wegen) die Lösungen liegen. Auf jeden Fall wird sie nicht gut verpackt und vorgefertigt von der Stange zu kaufen sein, ebenso wenig die zu schaffende, allererste menschliche Gesellschaft überhaupt. Das liegt in der Natur der Sache und ist vergleichbar mit individuellen Heilungsprozessen. Auch dabei besteht die Herausforderung, sich auf unvertraute Wege einzulassen.

Obwohl diese neue, erstmalig zu schaffende, lebenszugewandte Gesellschaftsform KEINE Utopie sein darf – wie sie der untergegangene Sozialismus versuchte, über viele Menschen hinweg zu verwirklichen – können trotzdem dafür verschiedene Eckdaten formuliert werden; schlicht, weil wir sehr gut wissen was natürliche und soziale Bedürfnisse sind, wie sich Leben erhält und entfaltet. Leben ist immer konkret und sinnlich, was beobachtet und wahrgenommen werden kann. Durst wird gespürt und kann konkret gestillt werden. Dem dürfen weder Rentabilitäts- noch Finanzierungserwägungen im Wege stehen. Falls doch, dann liegt man damit falsch und sie sind zu verwerfen. So einfach ist das.

Die Menschheit steht vor der Frage, ob sie mangels Verwertungsmöglichkeit freiwillig aufhört zu leben oder ob sie Schluss macht mit der auf dem Wert beruhenden Produktions- und Lebensweise. /3/

Es mag erschrecken, doch diese weltweit durchgesetzte, westliche Lebensweise beruht auf der Verwertung von Leben. Sie ist alltäglicher, gewohnt-unbewusst ablaufender Krieg gegen alle Natur, Lebendigkeit und jede wirkliche Form menschlichen Zusammenlebens. Neben anderen beruht sie auf drei fundamentalen und doch geschichtlich von Menschen geschaffenen Prinzipien:

1. **Konkurrenz**
2. **Geldvermehrung**
3. **Lebensverwertung**

Aus diesen drei Prinzipien ergeben sich nicht nur rein logisch, sondern auch praktisch unlösbare Widersprüche, die uns Menschen mitten hindurch reißen, Natur vernichten und Lebendigkeit zunehmend verhindern. Je weiter diese Widersprüche gegen die längst erreichte, innere Entwicklungsschranke dieser Lebensweise stoßen und keiner grundlegenden Lösung zugeführt werden, umso mehr offenbaren sie sich in sich ausbreitender Zerstörung. Damit einhergehend verlieren die gewohnten, ureigensten Wirkmechanismen dieser Lebens- und Produktionsweise ihre unterdrückerische Macht. Mit der Entwertung des Wertes (**Negativ-Zins!!!***, Inflation, Überproduktion, Warenberge, Arbeitslosigkeit, Sinnverlust, Gleichgültigkeit gegenüber Gewalt usw.) werden diese „Hebel" wirkungslos bzw. verschärfen die Widersprüche; wie überall sichtbar werdend.

So kann Auflösung bzw. Entspannung dieser Widersprüche nur im mutigen, schöpferischen und nach vorn gerichtetem Verlassen dieser Lebensweise erfolgen; sprich in der Beseitigung von deren Grundprinzipien bei Wahrung bzw. Wiedereinführung

---

*Eine krönende Parodie auf das Mehrwertsystem, wenn man davon nicht lassen mag, obwohl es kaum noch funktioniert. Das ist fast so, als wenn man für ein gekauftes Brötchen einen Euro dazu geschenkt bekäme.

Reif für den Narrensprung

der natürlichen- und sozialen Bedürfnisbefriedigung. Der bisherige (lebensuntaugliche) Weg ist Zwang, Gewalt und Tod, was im Sinne des Lebens keine sinnvolle, menschliche und natürliche Möglichkeit darstellt.

Der Mensch kann nur als gesellschaftliches Wesen Mensch sein. Eine menschliche Gesellschaft auf Basis von Konkurrenz kann nur zu einer Ungesellschaft verwahrlosen, weil es eine logische und praktische Unmöglichkeit darstellt. Sie bringt verwahrloste Ungeheuer in Menschengestalt hervor. Nicht der Mensch ist von Natur aus schlecht, sondern er wird es, wenn er in seiner menschlichen Natur NICHT zugelassen wird. Der verhinderte, unsoziale Mensch ist das Problem, nicht der entfaltete, soziale Mensch! Konkurrenz ist unsozial!

Außerdem treibt Konkurrenz zu höchster, wissenschaftlich-technischer Produktivitätssteigerung, weil sich nur noch auf diese Weise wirkliche Konkurrenzvorteile verschafft werden können. Menschliche Lebenskraft (Arbeitskraft) muss aus diesem Grund als Kostenfaktor abgeschafft werden, obwohl nur deren Verbrauch Wert mit Inhalt füllen kann.

Das ist ein weiterer, innerer Widerspruch, der zur Selbstzerstörung der kapitalistischen Lebens- und Produktionsweise führt. Damit entwertet sie sich von vornherein unwiderruflich selbst und kann auch nicht, wie derzeit in qualvollem Todeszucken versucht, mit Gelddruckerei, Negativzinsen!, Geheimdienst-überwachung, Medienmanipulation, Drohnenmorden, Wirtschafts- und Terrorkriegen am (unseligen) Leben gehalten werden. Diese grausamen Versuche sind alles nur Ausdrücke, mittels einer tobenden Vernichtungskonkurrenz (gleich Chemotherapien an ausferndem Krebsleiden) eine sich selbst vernichtende Daseinsweise durch Zerstörung am Leben erhalten zu wollen. Ihr ureigenstes Wesen wird damit offenbar:

Abtöten, um zu leben!

Die Geldvermehrung ist Ziel allen Wirtschaftens und allen derzeitigen Selbstverständnisses, jedoch nicht die Befriedigung von Lebensbedürfnissen. Leben ist damit wertlos, wenn es nicht verwertet werden kann. Daraus erklärt sich das Massensterben auf Erden.

Im Sinne dieser Lebens- und Produktionsweise gelten alle Entrechteten, Unterdrückten, Gefolterten, Verhungernden, an vielen Krankheiten Sterbenden und kriegerisch Getöteten tatsächlich nur als wertloses Leben.

Werden diese gewalterschaffenden Prinzipien weiterhin befördert, obwohl sie sich innerhalb dieser sinnfreien Daseinsweise längst als unlösbare Widersprüche verraten haben, führen sie nur noch zur reinen, sinnfreien Zerstörung von Leben in nie gekannten Ausmaßen. Die Menschheit droht in unsäglicher Barbarei zu verschwinden. Sie läuft Amok.

Aber Lähmung und Verwirrung ist groß, wie aus diesem Dilemma herauszufinden sei. Hilflosigkeit wird nahezu als unerträglich erlebt. Um dem zu entkommen, wird leider wahnhaft weitestgehend nur innerhalb dieser Lebensweise (sprich ungesellschaftlichen Gesellschaftsform) danach gesucht, was nicht nur sträflich untauglich, sondern auch höchst gefährlich ist. Daher seien hier Kriterien aufgeführt, die wieder Orientierung geben können, um sich dieser Problematik nicht nur anzunähern, sondern auch menschliche Auswege für das Leben zu finden. *Die Eckdaten in Form von 15 Thesen von A bis O und vielen Kriterien dafür sind nachfolgend unter Punkt 13. aufgeführt.*

12. EIN ÜBERBLICK DES ANSTEHENDEN

Gönne Dir die ganz praktische Wahrnehmung, dass die gegenwärtige Lebens- und Produktionsweise in keinster Weise die tatsächlichen Lebensbedürfnisse von Mensch und Natur auch nur ansatzweise sichern kann.

Erst wenn Du für Dich und Dein Leben bereit dazu bist, ergeben sich daraus die Möglichkeiten, nachfolgende Punkte gemeinschaftlich zu verwirklichen. Auch wenn sie keinen Anspruch auf Vollständigkeit erheben, sind sie aber wenigstens erste, holprige Ansätze, um endlich überhaupt einmal anzufangen, über den gewohnten „Tellerrand" dieser unseligen Daseinsweise hinausblicken zu wollen. Innerhalb derselben, und das sei noch einmal in aller Deutlichkeit gesagt, kann der Knoten nicht gelöst werden. Das zeigt ihr immer schneller sich vollziehender Zusammenbruch. Die Mühlen mahlen und mahlen, obwohl sie mangels Verwertbarkeit von Leben zu Wert längst damit begonnen haben, uns aufzufressen. Nur wir können sie bewusst stoppen!

Aber es gibt Hoffnung! Allerdings zeigt sie sich paradoxerweise sehr übermächtig gerade in all den zunehmenden Drangsalierungen und gewollten Gewaltausbrüchen. Denn, würden diese lebensvernichtenden „Mühlen toter Reichtümer" von selbst so sicher und stabil laufen, wie sie immer dargestellt werden, bräuchte die kapitalistische Daseinsweise nicht all diese Zwänge und Verblendungen der Selbstrechtfertigung. Demnach kann sie gar nicht so mächtig, überhistorisch und gesetzmäßig sein, wie sie von ihren fanatisch-blindwütigen Funktionären gepriesen wird. Dafür nun die

15 Thesen zum Menschsein OHNE Verwertung:

A Schaffung einer sozialen Widerstands- und Eingriffsmacht zur Durchsetzung direkter sozialer und natürlicher Bedürfnisse

Menschliche, natürlich-soziale Bedürfnisbefriedigung und Naturerhalt dürfen nicht mehr auf Rentabilität, Finanzierbarkeit und den Besitz von Geld, Arbeit und Vermehrwertung beruhen. Diese natürlich-sozialen Lebensbedürfnisse sind aus ihrem eigenen Wesen heraus als unverhandelbar durchzusetzen. Alles andere führt zu den bekannten Tatsachen der gleichmacherisch-unterdrückenden Menschen- und Naturzerstörung. In einer Welt, in der alles nur mit einem Maß, dem Wert, bemessen wird, kann es nur oberflächliche, falsche Vielfalt geben. Diese Eingriffsmacht kann daher nur bei tatsächlicher Vielfalt und im wirklichen Miteinander erreicht werden. Sie hat sich konsequent an den Eigenheiten des natürlichen Lebens zu orientieren, wie umfassende Bedürfnisbefriedigung (statt Gürtel enger zu schnallen) und voll entfaltete Individualität als Basis voll entfalteter Gesellschaftlichkeit, also bewusst gestaltetem Miteinander.

Auch darf sie sich nicht an finanziellen Sachzwängen bzw. nach Rentabilitätskriterien richten, sonst hat sie bereits im Ansatz verloren, weil sie sich wieder auf das einlässt, was sie zu überwinden hat. Auch die Billionen Doller bzw. Euro zur Bankenrettung wurden ohne Rücksicht auf Finanzierbarkeit verteilt. Um wieviel mehr sollte rücksichtslos gegenüber solchen Herrschaftsstrukturen zuallererst das Leben von Menschen bewahrt werden! Lebensbedürfnisse sind unverhandelbar und dürfen daher nicht mehr verhandelt werden, ob sie bezahlt werden können oder nicht. SIE SIND ZU BEFRIEDIGEN. Punkt! Geht das nicht, sind die gesellschaftlichen Bedingungen zu verändern und NICHT die Bedürfnisse des Lebens einzuschränken, weder natürlich oder sozial, wie es bisher Alltag ist!

B Kritik und Widerstand gegen alle Formen sozialer Ausgrenzung

Die Ursache der Gefahr einer bzw. bereits Wirklichkeit gewordenen Existenznot mangels Finanzierbarkeit darf nicht an anderer Menschen angeblicher Schuld, an Schicksal oder spirituellen Wesenheiten festgemacht werden, auch wenn das kapitalistische Bewusstsein dazu neigt. Es ist die eigene unbewusste Daseinsform, die die eigene Existenz in Frage stellt, weshalb diese Lebensweise selbst zu ändern ist. Das setzt grundlegende Selbstreflexion und Selbstkritik voraus.

Kritik in ihrem eigentlichen Sinne hat nichts mit der alltäglich-üblichen Kritisiererei, schlechten Nachrede, Verurteilerei und haltlosen Beschuldigungen zu tun, sondern ist ein Zerlegungs- und Verdauungsprozess, wie es unsere Ernährung auch ist. Es wird etwas daraufhin betrachtet, ob es verdaulich ist, unserer Lebendigkeit dient, oder ob es uns schwer im Magen liegt, uns einschränkt, krank macht, vergiftet oder gar ganz zerstört. Das ist eigentliche Kritik. Sie dient dem Leben, auch wenn sie erschrecken mag oder schmerzlich sein kann. Aber häufig zeigen sich in lieb gewordenen oder einfach nur blind vollzogenen Gewohnheiten und Überzeugungen die Ursachen für fürchterliche Leiden und auch Verbrechen.

Fügsamkeit, wie die Opferlämmer sich hinzugeben, kann kein Weg mehr sein und war es noch nie, um Leben zu bewahren. Aber gerade Fügsamkeit wird von dieser bisherigen Daseinsweise gefordert, auf ihr beruht sie. Widerstand dagegen heißt auch, Schluss mit Verurteilung und sozialer Ausgrenzung allen (vermeintlich) Fremden gegenüber zu machen. Verurteilung und Ausgrenzung ist nur ein Merkmal der alltäglich tobenden Konkurrenz und kein niedlicher Wettbewerb. Gerade in der hasserfüllten Fremden- und Flüchtlingsfeindlichkeit zeigt sich die enorme Vereinzelung und Ichbezogenheit des verwahrlosten verwestlichten Individuums, das sich selbst dafür verurteilt und ausgrenzt; es nur nicht wahrhaben will.

C Aufdecken und beseitigen des unlösbaren und daher zerstörerischen Widerspruchs, das Miteinander auf Basis von Konkurrenz zu gestalten

Gesellschaftlichkeit ist ein Wesensmerkmal des Menschen und Grundlage seines Menschseins zugleich. Er kann nur Mensch sein, wenn er sozial ist, was ausschließlich miteinander möglich ist. Ein Miteinander aber in einem Gegeneinander von Konkurrenz zu verwirklichen, ist ein Ding der Unmöglichkeit und muss Menschen zerreißen bzw. zu Unmenschen machen. Genau das ist alltägliche, blind-automatisch vollzogene Daseinsweise geworden. Der daraus resultierende, soziale und naturzerstörerische Sprengstoff zeigt sich alltäglich im Leiden der Menschen, von Depressionen, über Krebsleiden bis hin zu Amoklauf, Selbstmordattentat und Krieg.

Gesellschaftlichkeit ist aber mehr, sie ist ein Wesensmerkmal des Lebens und aller Natur überhaupt. Daher kann Konkurrenz grundsätzlich kein Daseinsprinzip von Natur, Leben und Menschen sein, weil nichts davon existenzfähig wäre. Kein Atom, kein Kristall, keine Pflanze und kein Mensch könnte so ganz sein.

Daher ist die Aussage: „Nur das/der Stärkste setze sich durch", vom Wesen her falsch und als Begründungsideologie für eigensüchtige Unmenschen bzw. unmenschliche gesellschaftliche Strukturen/Prozesse entlarvt. Aus diesem Grund zerstört Konkurrenz nicht nur Körper, Geist und Seele von Menschen sondern auch Natur und Umwelt. Sozialdarwinismus (biologisch verankerte Raubtiermentalität in uns Menschen) ist eine Mär, um Unterdrückung und jedwede Herrschaft zu rechtfertigen.

Die vorherrschende Konkurrenzideologie führt zwangsläufig zur Vereinzelung der Menschen, wie sie jeder sehen kann und erlebt. Daher ist Konkurrenz als der Welt fremdes, lebensfeindliches Prinzip zu kritisieren und abzuschaffen.

Tatsächliche Gesellschaftlichkeit, also Miteinander, kann nur bei voller Entfaltung von Individualität möglich sein. Wie im menschlichen Körper nur ein voll entfaltetes und kraftvoll schlagendes Herz einen gesunden, lebendigen Körper ermöglicht, beruht eine, sich selbstbewusste, menschliche, lebendige Gesellschaft auf sich selbstbewussten, voll entfalteten, kraftvollen Menschen. Funktionieren und Einseitigkeit schließt das natürlich aus.

Solche Parteien, Kirchen, Institutionen, Unternehmen und alle weiteren, gegenwärtig alltäglich gelebten Formen von Gleichmacherei sind Ergebnisse negativer Gesellschaftlichkeit. Sie bedingen die Anpassung (äußeres bzw. verinnerlichtes Zurechtstutzen von Individuen) zu lebenden Funktionseinheiten entsprechend vorgegebener (abstrakter) Ideen. Parteidisziplin, Glaubensbekenntnis und Arbeitsvertrag seien hier als Beispiele genannt. Nicht umsonst heißen Beamte und Politiker auch Funktionäre. Sie funktionieren mehr oder weniger gut, wie es die vorgegebenen „Stühle" erfordern. Aber das sind keine Menschen mehr, sonder eben Funktionseinheiten. Daher gelingt es diesen Funktionseinheiten offenbar auch, Mordbefehle (siehe Drohnenmorde) nicht mehr mit sich selbst in Verbindung zu bringen. Sie werden als, für die Funktion erforderliche Tätigkeiten gehalten. Es wird nur der Job gemacht, so ist eben Politik, heißt es rechtfertigend.

Alles das, was Leben an Abstraktionen (Utopien, Begriffe usw.) anpasst, ist abzuschaffen! So werden beispielsweise keine erkrankten Individuen schulmedizinisch behandelt, sondern verallgemeinerte Krankheitsbegriffe zur Basis für rezeptvorgegebene Medikamentengaben und Behandlungsmethoden gemacht. Der immer nur konkret und sinnlich krank sein könnende Mensch, spielt dabei gar keine Rolle.

Die zunehmende Ungesellschaftlichkeit in all ihren Formen (spätestens beginnend seit dem Sesshaftwerden des Menschen) zeigt sich im Ausdruck verschiedener Fetischismen.
Fetischismus, eigentlich die Verehrung bestimmter Gegenstände im Glauben an deren übernatürliche Eigenschaften, zieht sich durch die gesamte bisherige Menschheitsgeschichte hindurch. Demzufolge kann sie wesentlich als Abfolge von fetischistischen Gesellschaftsformen wahrgenommen werden, und nicht als Abfolge von Klassenkämpfen, welche „nur" der vollen Entfaltung der jeweiligen Fetischformen dienten. (Darum kann der Klassenkampf von Arbeitern gegen Kapitalisten, von arm gegen reich, auch nicht die Lösung des gegenwärtigen Dilemmas sein, und war es auch nie. Was natürlich nicht ausschließt, dass Widerstand gegen reiche und mächtige Herrschaftsschichten immer angebracht ist. Aber damit allein, ist es nicht getan, weil

Reif für den Narrensprung

auch die Herrschenden der aktuell vorherrschenden Daseinsweise unterliegen.) Offenbar sind die bisherigen Abfolgen der bekannten gesellschaftlichen Fetischformen (z. B. Sklaverei, Feudalismus, Kapitalismus) der „Preis", für die unbewusst gelebte und unerkannte gesellschaftliche Schöpfermacht des gesellschaftlich agierenden Menschen; weshalb sie sich, wie geschichtlich bekannt, auf anhaltend schrecklicher Weise gegen ihn selbst richten.

Diese, das gesamte menschliche Leben bestimmenden Gesellschaftsformen (wozu auch die kapitalistische zählt) sind nichts anderes, als die gewöhnliche, sich in alltäglichsten Gedanken und Handlungen übertragende menschliche Schöpfermacht auf Götter, Könige, Dinge, Produkte, Gedanken und Prozesse. Fetischismus in diesem Sinne ist Ablehnung, Mangel und Verlust von menschlicher Macht über sich selbst, individuell und vor allem gesellschaftlich. Das ist der Sündenfall der Entfremdung von sich selbst. Wir sind weder von Gott, der Natur, noch dem Leben jemals getrennt gewesen noch irgendwie mit Ursünde behaftet. Aber wir erschaffen diese Trennung und diese Sündhaftigkeit jeden Tag neu, indem wir unsere Ungesellschaftlichkeit ganz alltäglich-gewohnt mittels Konkurrenz, Lebensverwertung und Geldvermehrung leben. Damit trennen wir uns allein durch unser lebensnotwendiges Streben nach natürlicher und sozialer Befriedigung von aller Natürlichkeit und Spiritualität und, wer es mag, auch von Gott. Menschliche Gesellschaftlichkeit herzustellen heißt daher immer auch, die hausgemachte Trennung von Gott zu überwinden. Und dafür braucht es keine abstrakten Bücher, vermittelnde Priester und schon gar keine Schuld und Gotteserbarmen.

D Wahrnehmung und Kritik der inneren, untrennbaren Einheit von „Wachstum", Naturzerstörung und sozialer Armut

Naturzerstörung, Armut und viele Krankheiten bis hin zum Hunger sind zuallererst nicht Folge verfehlter Politik sondern grundsätzlicher Charakter der kapitalistischen Lebens- und Produktionsweise. Diese kann nicht anders, als für ihren Selbstzweck der Vermehrwertung Menschen, alles Leben und alle Natur zu verheizen, weil sie daraus ihr untotes Leben bezieht.

Der Begriff Wachstum ist in diesem Zusammenhang ein gewählter Begriff aus der Natur, um den tatsächlichen Vorgang der lebensverbrauchenden Geldvermehrung zu vernebeln. Tatsächlich aber verhindert der Geldvermehrungsprozess natürliches Wachstum. Er führt dagegen zur Konzentration von toten Reichtümern in den Händen von Wenigen und zur Beschneidung von natürlichem und sozialem Wachstum bei Vielen (der Mehrheit). Wachstum im Sinne von Geldvermehrung ist Schrumpfung im Sinne von Leben.
Deshalb ist es eine existenziell-notwendige Aufgabe der Menschheit, diese verrückte Grundlage ihrer gegenwärtigen Lebens- und Produktionsweise umgehend zu beenden, wenn sie ihre natürlichen und sozialen Bedürfnisse samt Naturerhalt gewährleisten will.

Das dies unter den bisherigen Bedingungen flächendeckend nie der Fall war und längst immer weniger gelingt, pfeifen inzwischen die Spatzen von den Dächern.

Die Neueröffnung einer Debatte über die gesellschaftliche Planung zur Bereitstellung aller erforderlichen, lebensdienlichen Dinge, Strukturen und Prozesse, anhand konkret-sinnlicher Bedürfnisse natürlicher und sozialer Art

Bedürfnisbefriedigung und Naturerhalt dürfen nicht mehr indirektes „Abfallprodukt" des unbewussten Selbstzwecks der (inzwischen kaum mehr) gelingenden Vermehrwertung sein. Sie können dafür nur in bewusster Organisation der konkreten geistigen, stofflichen und logistischen Voraussetzungen erfolgen. Das heißt eine bewusste Planung der vorhandenen, weltweiten Vernetzung, damit keine Hunger- und sonstige Katastrophen ungeahnten Ausmaßes auftreten. Radieschen auf Balkonen zur Selbstversorgung sind eine tödliche Illusion.

Auch für Essen, Trinken, Wohnen, Wärme, Kultur usw. zuständige, aber unrentabel werdende Versorgungsunternehmen sind aus der vorherrschenden Systemlogik heraus gezwungen (d. h. bei Strafe ihres eigenen Untergangs) Gewinn zu erwirtschaften, also bei mangelnder Finanzierbarkeit dicht zu machen. Daher ist diese irrwitzige Logik zu beenden und sozial organisiert das herzustellen und direkt nach Bedarf zu verteilen, was immer schon und längst genug da war bzw. ist.

F Widerstand gegen geschlechtsspezifische bzw. jegliche Ausgrenzung, für tatsächliche Emanzipation

Erhalt und Erneuerung des menschlichen Lebens liegt, im natürlichen bedingt, viel tiefer in der Frau als im Mann verwurzelt. Aber Schwangerschaft und Geburt lassen sich nicht der Vermehrwertungslogik unterwerfen und sind ihr gegenüber äußerst widerspenstige Vorgänge. Aus der patriarchalischen (männerherrschaftlichen) Vorgeschichte heraus, passte es gleich gut zusammen, den Frauen, zu diesen tatsächlich biologischen Gegebenheiten auch unbezahlte Kindeserziehung, Haushaltstätigkeit, Pflege und Zuwendung als ebenso biologisch-weibliche Formen gleich mit anzuhängen – was sie aber nicht sind, sondern absichtlich geschaffene Fehldeutungen. So leitet sich ideologisch die Rechtfertigung ab, weshalb dafür nichts bezahlt zu werden braucht. Die damit einhergehende, geschlechtsspezifische Ausgrenzung kann nur im Widerstand dagegen verhindert werden. Es zeigt aber auch, dass tatsächliche Emanzipation unter kapitalistischen Daseinsbedingungen nicht nur unmöglich ist, sondern geschlechtsspezifische Ausgrenzung und Ausnutzung gar Voraussetzung für die gelingende Vermehrwertung sein muss. Müssten alle diese menschheitserhaltenden Aufgaben (s. o.) entlohnt werden, sähe es schlecht mit Gewinn und „männlich-westlichen" Erfolgsgeschichten aus.

Das Gesagte setzt für tatsächliche Emanzipation die Beseitigung der Bedingungen für geschlechtsspezifische Ausgrenzung voraus und nicht die Nutzung dieser Bedingungen für eine gelingende Emanzipation, was schon immer eine logische und tatsächliche Unmöglichkeit war und ist.

Ergänzend sei hinzugefügt, dass die geschlechtsspezifische Ausgrenzung sich nicht nur auf Frauen bezieht. Auch das Funktionieren von Männern, die Unterdrückung von Armen, Schwachen, Fremden und Farbigen folgt genau diesem Schema. Denn auch Coolsein, Unterdrückung von Emotionalität und ausbleibende männliche Zuwendung mangels Zeit für Kinder, ist nichts anders als Selbstausgrenzung und damit unerfüllte Emanzipation.

G Kritik und Widerstand gegen die rücksichtslose Verteidigung konkurrenzbedingter Besitzstände bzw. abstrakter Reichtümer

Angst kann blind machen. Aber auch die konkurrenzbedingten, auf Wert basierenden Reichtümer verleiten allgemein zum Verschließen der Augen vor den Folgen, sie auf Kosten von anderen Menschen und Natur erhalten zu wollen. Dafür werden alle möglichen, zumeist hanebüchenen Rechtfertigungen aus dem Hut gezaubert, wie Hautfarbe, geografische Herkunft, Charaktereigenschaften, soziale Schichten, genetische Veranlagungen usw. Aber so menschenfeindlich, anmaßend und selbstüberhebend sie daher kommen, so falsch und grausam sind sie auch. Mit welcher Begründung stuft sich ein weißer Europäer als besser und lebenswerter im Vergleich zu Arabern eigentlich ein? Höchstens mit einer faschistischen!

Die rücksichtslose und über Leichen gehende Wahrung, mittels Konkurrenz geschaffener, individueller Besitzstände ist durch eine bewusste soziale Eingriffsmacht grundlegend zu verhindern. Dafür ist das als Wettbewerb verniedlichende Daseinsprinzip der kapitalistischen Lebensweise, die Konkurrenz, in ihrer atemberaubenden Unmenschlichkeit zu brandmarken und aufzulösen. **Kapitalismus kann gar nicht anders, als den Wohlstand des einen auf Kosten des anderen zu produzieren, ganz gleich, ob dies geleugnet wird oder nicht.**

Jetzt im Zusammenbruch dieser Daseinsweise verschlingt er aber auch zunehmend die noch vorhandenen Inseln von Wohlstand. Daher kommt es nicht mehr darauf an, das sowieso andauernd im Wert verfallende Geld zu erhalten, sondern es selbst als Maßstab, egozentrischen und armutserzeugenden Wohlstandes abzuschaffen. Menschlicher Wohlstand für alle kann sowieso nur jenseits von abstrakter Arbeit, Wert, Warenkonsum, Markt, Geld usw. geschaffen werden. Was gar nicht heißt, Menschen blindwütig irgendetwas wegzunehmen, ganz gleich, was es sei. Aber entwertetes Geld nimmt sich als Besitz seinen Besitzern selbst weg, indem es zu wertlosem Papier wird. *Das konnte mir meine Großmutter sehr anschaulich aus der deutschen Inflationszeit verständlich machen.*
Eine solche Lebensweise, die auf derartig unsicher-abstrakten Grundlagen wackelt, wie es Wert und Geld sind, schreit regelrecht danach, sich auf natürliche Bedingungen neu aufzustellen. Das heißt auch, jeglicher Besitz an Erde kann nur als illusionär-verrechtlichtes Konstrukt existieren und ist daher nur eine tatsächliche Unmöglichkeit. Doch wir leben danach als sei er eine natürliche Gegebenheit. Diese Besitzstände an Erde gehen ursprünglich auf räuberische Aneignung von Natur und gewaltsamer Verdrängung anderer Menschen von ihrer, als heilig empfundenen Heimaterde zurück. Auch hier steht die Auflösung dieser Gewaltverhältnisse gegenüber anderen Menschen und der Natur an.

Kritik und Widerstand gegen jede Ideologie und Ideologiebildung, inklusive von Religion, Medizin, Wirtschaft, Naturwissenschaft und vielen anderen

Die sich voranfressende Systemkrise des Kapitalismus führt nicht automatisch zu einer menschlichen Gemeinschaftlichkeit. Zutiefst sind dessen Grundprinzipien verinnerlicht, haben zu einem „verhausschweinten" Menschen geführt, der sich selbst seiner Träume und Menschlichkeit entledigt hat und dies als Fortschritt und Krönung an Menschsein gar bejubelt. So fällt es ihm offenbar schwer, davon loszulassen. Er versinkt und verreckt gegenwärtig offenbar „lieber" im Sumpf seiner eigenen gerufenen Geister, als das er bereit sei, sich davon zu befreien. Aus dem Grund treiben verrückteste Rechtfertigungskonstrukte unzählige Blüten, die in ihrer Menschen- und Naturfeindlichkeit keine Grenzen zu kennen scheinen. Insbesondere die angeblich absolut allein individuelle Verantwortlichkeit der eigenen Lebenssituation spielt hierbei eine äußerst unrühmliche Rolle, wie vom Neoliberalismus propagiert und in der esoterischen Szene größtenteils als göttliches Naturgesetz blind wiedergekäut. Aber auch von zurechtgestutzten, tibetanischen „Wahrheiten", über vermeintlich naturgegebene, menschliche Raubtiermentalitäten bis hin zu genetischen und christlich-religiös begründeten Ur-Schlechtigkeiten werden alle möglichen Rechtfertigungen eigenen Besserseins aus dem Ärmel gezogen. Trotzdem, so menschenschmeichlerisch sie daher kommen, sie alle sind nichts anderes als grundlegend brutale Eigensüchtigkeiten und damit zur Verdummung geschaffene Herrschafts- und Reichtumsideologien, und als solche zu entlarven. Wozu ebenso die zunehmende nationalistische Wahnhaftigkeit gehört, in nationalstaatlichem Rahmen die Lösungen für die anstehenden Probleme finden zu können. Nationalstaaten als Geschöpfe kapitalistischer Verwertungsnotwendigkeiten sind grundsätzlich auf Gewalt gegründet und können sich auch nur durch Gewalt erhalten; ganz gleich ob sie nun demokratisch-institutionelle bzw. verinnerlichte Selbstgewalt sind oder diktatorisch äußerlich und offen ausgeübte. Recht und Gesetz verkörpern somit keine Gerechtigkeit, sondern verrechtlichte Gewaltausübung in Form von beispielsweise Belohnung, Unterdrückung, Strafe und Rache – der Konkurrenz dienende Methoden der Herrschaft. Beide Gewaltformen sind nur zwei Seiten einer Medaille, die, bei herrschaftlicher Notwendigkeit von der einen in die andere Form überführt werden können. Was so beispielgebend die vorangetriebenen Einschränkungen bürgerlicher Freiheiten westlicher Demokratien im Rahmen des „Kampfes gegen den Terror" zeigen.

Es steht nicht die Frage an, ob Diktatur oder Demokratie zu wählen sei, und schon gar nicht ob verwahrloste religiös schön geredete Pseudostaatlichkeiten Alternativen bieten, sondern in welchen menschlichen, lebenszugewandten Formen des Miteinanders wir unsere Gesellschaftlichkeit bewusst gestalten wollen. Wobei sich gerade „Demokratie" in ihrem Sinnzusammenhang nicht nur als verinnerlichte, freiwillige Form von gesellschaftlicher Selbstunterdrückung offenbart und damit die andere, geschönte Seite der offenen Diktatur darstellt, sondern sie selbst in ihrem Wesen totalitär ist (was sich u. a. anhand von Wahlen leicht nachweisen lässt, nach deren Ergebnissen die reichliche Hälfte die knappe diktieren darf). Und, was oft verdrängt und verniedlicht wird, ist die Tatsache, dass die gesellschaftlichen Grundlagen des Wirtschaftens weitestgehend frei von demokratischen Strukturen sein müssen und nur hierarchisch strukturiert wirksam werden können. Nicht einmal die systemeigene Herrschaftsform „Demokratie" ist hier zulässig. Das so genannte

Freie Unternehmertum ist zutiefst diktatorisch organisiert. Wie kann es da Gleichheit auch nur im Ansatz geben? Diktatur hat also nie aufgehört, alltäglich zu sein. Wir haben uns nur als selbstverständlich daran gewöhnt, ohne wirklich einmal darüber nachzudenken, was da ist.

Allein das Prinzip von Angebot und Nachfrage folgt keinen demokratischen Regeln, von menschlicher Bedürfnisbefriedigung ganz zu schweigen. Es dient der Gewinnmaximierung auf Kosten von menschlichen Bedürfnissen. Daher kann es auch so übersetzt werden:

**Je dringender Bedürfnisse zu befriedigen sind,
umso größer wird die Nötigung,
sie finanzieren zu können!**

Es ist eben kein menschliches oder naturgesetzliches Gesetz, Menschen hungern zu lassen, und weil sie Hunger haben, den Preis für Nahrungsmittel ins Astronomische zu treiben, um einem künstlich geschaffenem Reichtumsvermehrungsprinzip zu genügen! Wenn das aber so ist, dann sind eben solche Prinzipien abzuschaffen und nicht die Menschen.

Entgegen landläufiger und akademischer Mär, sind selbstverständlich auch Wissenschaft, Medizin, Religion usw. von der fetischistischen Grundlage des wert- und warenproduzierenden Systems von ihren Wurzeln her zutiefst durchdrungen. Daher gibt es keine neutrale und objektive Wissenschaft, Medizin, Religion usw. Alle diese schneiden den Menschen und die Natur nach ihren Bildern zurecht.

Die Folgen sind überall auf der Erde, in Krankenhäusern, auf Schlachtfeldern und im Alltag sichtbar und werden es noch mehr, solange diese „Methoden" als Wege gegen ihre eigenen

Folgen eingesetzt werden. Leben kann nicht durch Lebenszerstörung erhalten, befördert und geheilt werden.

Befreiung natürlicher und sozialer Spiritualität von religiöser und ideologischer Überprägung bzw. deren Missbrauch durch diese

Spiritualität ist ein Wesensmerkmal dieser Welt. Ein Ausdruck dieser Spiritualität ist die Gesellschaftlichkeit von Natur, Leben und Menschen, und, sie ist konkret und sinnlich erfahr und erlebbar. Sie braucht keine Vermittlung durch Priester, Gurus, Wissenschaftler, Führer oder Politiker. Natürliche und darauf fußende soziale Spiritualität offenbart sich nicht nur in den Wundern des Lebens, sondern auch im Schwarmverhalten von Fischen, im formvollendeten Wachstum von Kristallen, in Atomstrukturen, aber eben auch in menschlichen Gesellschaften des Miteinanders. Demzufolge kann das Universum als grundsätzlich sozial betrachtet werden. Bei uns Menschen kommt zusätzliche Bewusstheit hinzu.

Unbeachtet für tatsächliche Gesellschaftlichkeit blieben bisher viele, als parawissenschaftlich verleumdete Kräfte, wie Telepathie, Hellsichtigkeit, Wahrsagen, Nahtoderlebnisse, Jenseitigkeit usw.

Die bisherigen gesellschaftlichen Schöpferkräfte der Menschheit setzten sich unbewusst, höchstens in Gruppeninteressen und damit egozentrisch-chaotisch durch. Viele dieser Kräfte wurden Gott zugewiesen, oder Geistern. Jetzt weisen wir sie versachlicht Geld, Arbeit, Markt, Staat, Gesetz usw. zu. Daher steht die Befreiung von dieser Fetischspiritualität an, was der Bewusstwerdung der menschlichen gesellschaftlichen Form und damit der darin liegenden Schöpferpotenziale entspricht. Die umfassende, fetischistische Auslieferung an Funktionen, Dinge, Strukturen, Prozesse, insbesondere der selbst von Menschen geschaffenen ist kritisch zu betrachten und bewusst aufzulösen. Die Menschheit hat sich selbst in die Hand zu nehmen und bewusst zu gestalten.

Menschliche, wie alle natürliche und soziale Spiritualität wirkt über Raum und Zeit hinweg. Dahingehend ist die Unterordnung der gegenwärtigen Menschheit unter dem Takt von Maschinen (wozu auch die Uhren gehören) gleichzeitig die Bannung von Spiritualität, also von Leben.

Religiöse Spiritualität ist der Versuch, diese an und für sich natürlich-soziale Kraft Gruppeninteressen zu unterwerfen. Daher ist sie spätestens mit dem Protestantismus ganz von Religiosität getrennt worden. Natürlich-soziale Spiritualität ist frei von jeder Form von Glaubens- und Ideologiesystemen. Sie ist wahrhaftig und damit revolutionär. Wodurch zu verstehen ist, weshalb sich die Teufelsangst vor aller Wildheit und Natürlichkeit in den institutionalisierten Religionen findet, insbesondere aber in der christlichen. Gerade deshalb konnte sie die Basis für die kapitalistische Lebensfeindlichkeit bilden.

J Kritik und Widerstand gegen wertbefangene „tote" Industrienahrung

Auch abgetötete Nahrungsmittel, wie sie alle Formen industriell gefertigter Nahrung entsprechen, dienen nicht dem Lebenserhalt sondern wie Technik auch, der Geldvermehrung, Lebensverwertung und Schaffung von Konkurrenzvorteilen.

Als Beispiel sei hier der vorherrschende Einsatz von Weiß-mehlprodukten erwähnt, der sich aus der betriebswirtschaftli-chen Logik der Massenproduktion ergab, Mehl über den loka-len Bedarf hinaus abzusetzen.

Alle daraus resultierenden Leiden und Erkrankungen werden bewusst billigend in Kauf genommen und sind, wie Opfer des Individualverkehrs, von vornherein eingerechnet; werden aber als Schicksal bzw. als noch ungenügend entwickelte Dinge ver-harmlost und vernebelt. Sie haben an sich ein Zerstörungspo-tenzial und können ohne dieses nicht sein.

Das gilt es wahrzunehmen und zu überwinden.

K Befreiung und Veränderung der jetzigen Technik als Ausdruck und Mittel von Konkurrenz, Geldvermehrung und Lebensverwertung

Technik kann gar NICHT neutral sein. Es kommt überhaupt nicht nur auf deren Gebrauch an. Gerade die Form der Tech-nik bedingt die Art und Weise ihres Gebrauchs. So kann das Fernsehen allein durch seine technische Form immer nur ei-nen Ausschnitt der Wirklichkeit wiedergeben, mittels der ent-sprechend dafür bewusst ausgewählten Inhalte. Es gibt keine objektiven Fernsehinhalte.

Die gegenwärtige Technik ist NICHT zur Erleichterung der menschlichen Bedürfnisbefriedigung geschaffen worden, son-dern zur Geldvermehrung, Lebensverwertung und Erreichen von Konkurrenzvorteilen. Darin liegt auch ein Grund für die Suchtpotenziale gegenwärtiger Technik und deren naturzer-störender Kraft. Es ist davon auszugehen, dass es kapitalistische Technik gibt, wie es kapitalistische Wissenschaft, Medizin, Ernährung usw. gibt. Wie die konkret-historisch zu begreifende menschliche Vernunft (anstatt eine ewig unveränderliche), stehen diese Bereiche **nicht** außerhalb dieser Daseinsweise, sondern bedingen, ergänzen und erhalten sich gegenseitig mit ihr.

Gegenwärtige lebensvernutzende Technik und Technologie bedürfen einer Naturwissenschaft, die der Natur ihren Willen aufzwingt. Elementarkräfte werden in Maschinen gebannt, um dort Fronarbeit zu leisten. Jeder Start mit dem Zündschlüssel ist erzwungene Wirkung von Elementarkräften für einen lebensfeindlichen Zweck. Damit ist Naturwissenschaft schwarzmagisches Wissen und die Technik die Zauberstäbe, um diese zu verwirklichen.

Auch hier besteht die Aufgabe, eine lebensdienliche, naturbehütende Technik zu schaffen, die beispielsweise eben nicht nur brutal großartige Getreideernten einfahren kann, um den Preis von einer halben Million Rehe pro Jahr allein in Deutschland. Welcher Vegetarier möchte Getreide essen, dass mit dem Blut von Rehen geerntet wurde?

Es gibt genug zu tun, und es sind schöne, schöpferische und zutiefst menschliche Aufgaben, die anstehen.

L Begreifen des Kapitalismus als unlösbare Verschuldungs- und Opferbewegung in Form des irrationalen Selbstzwecks von Geldvermehrung und Lebensverwertung, um so Erlösung von ihr zu finden

Eine solche Arbeit, wie es die abstrakte ist, die nur dem sinnentleerten Abtöten menschlichen Lebens zur Wertschöpfung dient, ist zu beenden. Der dabei über die produzierten Waren herausgequetschte Wert kann niemals das dadurch verbrauchte Leben ganz erneuern (was auch nicht Ziel dieser Zumutung ist). Daher kann das Geld gar nicht geeignet sein, die durch die abstrakte Arbeit angerichteten Verheerungen am Menschen und in der Natur wieder gut zu machen. Allein Reibungsverluste, aber hauptsächlich der Zwang zur Geldvermehrung verhindern das grundlegend und unaufhebbar innerhalb dieses systemischen Prozesses. Daher darf nicht erwartet werden und ist nicht anzustreben, mittels kapitalistischer Methoden und Bedingungen, Menschen und Natur gesund erhalten bzw. gar heilen zu können. Das ist eine grundlegende, logische und natürliche Unmöglichkeit. Sein Prinzip und damit das Prinzip seiner Naturwissenschaft, Schulmedizin, Religion usw. ist es ja, Leben und Natur zu verbrauchen und nicht zu erhalten. Es geht im Wesentlichen gerade ums Opfern bzw. entschulden von vermeintlicher Schuld des Lebens.

Mittels abstrakter Arbeit wird Lebenszeit verbraucht, die über die Zeit zu Wert gerechnet wird. Das ist Schöpfung von Mehrwert, der auf beliebig hergestellte Waren übertragen wird und sich erst im Verkauf der Ware als Geld verwirklicht. Das wird genommen, um mit dieser verrückten Kreisbewegung und mit jeweils mehr Geld von vorn zu beginnen. Das ist, als schneide man sich ein Bein ab, erhalte für dieses Opfer Geld, mit dem ich mir eine Prothese kaufe, um mir dann zwei Beine abzuschneiden ... immer in der Hoffnung, dadurch mein Leben zu erhalten, ja, sogar lebendiger und glücklicher zu werden. Kein Mensch würde diese Dummheit wagen, doch wir alle machen genau das aus Gewohnheit und Angst vor Existenz- und Ansehensverlust. Ein grausamer Widerspruch, eine schreckliche Ironie, die hier in keinster Weise konstruiert ist. Ein Blick in Praxen und Krankenhäuser offenbart diese Verrücktheit in allen Facetten der Selbstzerstörungsfähigkeit von sich selbst entfremdete Wesen.

Erwähnt seien nur die tausendfachen Beispiele amputierter Gebärmütter in den Wechseljahren, anstatt diesen Frauen lebensförderliches Wissen, Zeit und Raum zu schenken, damit sie sich dieser enormen Herausforderung hereinbrechender biologischer Unfruchtbarkeit heilsam stellen können.

Diese Opferbewegung ohne Ende, dieses Zerstören als Ziel (pervers als Wachstum schöngeredet), dieser Versuch durch Opferung seines Heilseins, Heilsein zu finden, ist ein für alle Mal zu beenden.

M Grundlegender Widerstand gegen alle Möglichkeiten der Kriegsführung

Konkurrenz als alltäglicher, gegenwärtig existenznotwendiger Krieg, in dem Jeder gezwungen ist, gegen Jeden zu kämpfen, ganz gleich ob er es bewusst will oder nicht, ist zu beenden. Dieser, jedes Individuum ergreifende Rahmen der Konkurrenz ist grundlegende Ursache des Krieges. Erst dessen bewusste Beseitigung kann Krieg aus der Menschheit endlich verbannen. Solange diese aber noch läuft, sind die systembedingten Ursachen zu offenbaren und bewusst das alles lahm zu legen, was Kriege ermöglicht. Konkurrenz ist „marktwirtschaftliche" Daseinsweise und Antrieb, sich mittels Arbeit usw. selber freiwillig in Raten abzutöten. Das ist in aller Deutlichkeit bewusst zu machen, um es beenden zu können. Diese Lebensweise selbst ist bereits Krieg.

Konkurrenz ist der hinterhältigere „Zwillingsbruder" des Krieges!

Krieg in all seinen Formen, einschließlich alltäglichen Konkurrenzverhaltens ist die maximale Form ungesellschaftlichen Seins. Mehr Gegeneinander geht nicht, als sich miteinander abzutöten. Konkurrenz ist das alltägliche schrittweise Töten, Krieg das schnelle.

Konkurrenz vereinzelt die Menschen, macht sie zu gesellschaftlichen Atomen ohne wirklicher Bindungskraft. Dahingehend konnten die Atomwaffen nur in dieser Gesellschaftsform geschaffen werden. Deren Zerstörungskraft bis zu vereinzelten Atomen (gar Energien) ist kriegerischer Ausdruck und Sinnbild der Atomisierung (Vereinzelung) jedes Menschen im Alltag dieser Lebens- und Produktionsweise.

N Ziel und Absicht jeder sozialen Gegenbewegung zur kapitalistischen Daseinsweise ist die eigentliche Menschwerdung

Der Mensch wird zum Monster, wenn er nicht Mensch sein darf. Tatsächlich aber, steht die Selbsterlaubnis des Menschen an. Erst wenn sich der Mensch seiner selbst als Individuum UND seiner selbst als gesellschaftliches Wesen bewusst wird, kann er wirklich Mensch werden. Bisher ist er nur Mensch, der sich seinen eigenen Geschöpfen unbewusst ausgeliefert sieht und diesen damit dient. Aber der Mensch ist mehr, viel mehr; er ist ein schöpferisches Wesen, das kein Geld, keine Warenwerte, keinen Markt und Staat braucht, um sein Leben im gemeinschaftlichen Miteinander gestalten zu können. Aber solange er sich in der Form der Verwertung bewegt, kann er nicht herauskommen um Mensch zu werden, sondern muss sich in der zunehmend nicht mehr gelingenden Vermehrwertung immer mehr selbst beschneiden und zerstören, nur um seine eigenen unseligen Geschöpfe bzw. Probleme mit seinem eigenen Blut am Leben zu erhalten.

Entweder der Mensch ist bereit Mensch zu werden oder er verhindert sich selbst. Diese Unmenschlichkeit erleben wir gerade zunehmend und deren Ursache ist daher grundlegend zu verhindern.

Nichts geringeres als die eigentliche Menschwerdung steht an. Nicht eine Welt von unerträglichen Übermenschen, sondern schlicht als die von Menschen, die ganz normal Mensch sein können.

Nachdem der Mensch einst offenbar aus dem Tierreich „trat" und sich nur individuell seiner selbst bewusst wurde – jedoch zum „Preis" ihm selbst unbewusster fetischistischer Gesellschaftsformen – hat er sich nun in seiner Gesellschaftlichkeit selbst bewusst zu gestalten. Was heißt, seine „Dinge", seine Beziehungen miteinander bewusst hervorzubringen. *Erst dann ist er ganzheitlich Mensch.*

Das hat nichts mit irgendwelchem Übermenschentum zu tun, sondern, die ihm wesenseigenen gesellschaftlichen Schöpferkräfte bewusst-schöpferisch zu entfalten (in den Griff zu bekommen) und lebens- und naturdienlich auszugestalten.

Auch heißt das nicht, dass es in einer solchen, lebenszugewandten Daseinsweise keine Probleme, Verbrechen, Krankheiten usw. mehr gäbe, aber zumindest die, die nicht nur die Menschheit als Ganzes in ihrem Überleben bedrohen, sondern auch jeden Einzelnen leiden lassen, werden ursächlich verschwinden. Und das sind eine ganze Menge, die Mehrheit.

Unvollständige Liste von natürlichen und sozialen Kriterien einer menschlichen Gesellschaft

Gebetsmühlenartig wird der Mensch von Funktionsträgern der Vermehrwertung als Ungeheuer verleumdet, ideologisch gerechtfertigt von der Behauptung christlicher Kirchen, der Mensch sei für alle Zeit von Eva und Adams Fehltritt her schuldig – ganz gleich ob Säugling oder Greis.

Doch wo ist diese Schuld in uns hineingeschrieben? Was wäre das für ein Gott, der selbst Säuglinge sündig sein lässt, nur weil er Eva nicht vergeben kann? Wie rachsüchtig, psychopathisch, ja nach Anbetung bedürftig müsste ein solcher Gott sein, der nicht nur zwei Menschen wegen ihres Erkenntnisdranges verflucht, sondern gleich noch alle deren Nachfahren. Und was für ein schwaches, dummes Ungeheuer wäre er, wenn er keinen Ausweg mehr sehe, die Menschheit zu erlösen, als seinen eigenen Sohn auf grausamste Weise meucheln zu lassen?

Würde nicht sein schlichtes Vergeben genügt haben, um die Menschheit von ihrer Verirrung abzubringen? Wozu braucht ein Gott ein so schrecklich inszeniertes Brimborium? Wohlgemerkt, es handelt sich um seine ebenbildlichen Geschöpfe!

Und der Teufel. Woher kommt der eigentlich? Weshalb hat ihn ein solcher Gott der Barmherzigkeit zugelassen? Weshalb braucht er die Prüfung seiner Geschöpfe? Ist er gar sadomasochistisch veranlagt?

Einen solchen Gott braucht es genauso wenig, wie das Finanzierungs- und Rentabilitätsprinzip, um Menschen prüfen zu müssen, ob ihre Existenz auf Erden gerechtfertigt sei oder nicht. Nein, ein Mensch ist geboren und damit lebt er. Und darum braucht es keine Rechtfertigung mehr, sondern nur noch unsere menschliche Entscheidung für ihn also für alle bedingungslos zu sorgen. Können das abstrakte Werte und Wertvorstellungen nicht, sind sie zum Teufel zu jagen, zusammen mit allen ideologischen Konstrukten und religiösen Glaubensvorstellungen, also auch die von der Ursünde und von einem geistig verwirrten, massenmordenden Gott(esbild).

Deshalb ein klares Ja zu den sinnlichen, greifbaren, natürlichen und sozialen Bedürfnissen, Eigenheiten und Träumen.
Aber was sind diese? Nachfolgend eine unvollständige Zusammenstellung, wie sie jeder als Kriterium selbst kennt bzw. finden kann, die eine menschliche Gesellschaft ausmachen dürften:

13. KONKRET-SINNLICHE KRITERIEN EINER MENSCHLICHEN GESELLSCHAFT

Heiterkeit

In vielen Aufzeichnungen der sich selbst so nennenden Entdecker anderer Völker, so die der Südseeinsulaner, tauchen immer wieder Beschreibungen darüber auf, dass die dortigen Menschen heiter gewesen seien. Ihnen fehlte offensichtlich das, was wir heute so sehr vergöttern: für den Lebensunterhalt sich verwerten zu müssen. Sie kannten weder Funktionen, noch Zensuren, noch Lohn und sonstige, abstrakte Bewertungskriterien ihres Menschseins.
Und auch wenn es sicherlich nirgends auf der Erde die guten, edlen „Wilden" gab, so zeigt dieses Beispiel doch, dass Menschen frei vom Kampf ums Dasein sein können, frei von jedem (auch versachlichten) Arbeitszwang und funktionierender Diszipliniertheit.

Daher halte ich Heiterkeit im ganz normalen Alltag einer zu schaffen-den menschlichen Gesellschaft für ein grundlegendes Wesensmerkmal. Immer wieder ist also dieses Kriterium Heiterkeit in kleinen wie in großen Entscheidungen anzulegen:

Macht diese oder jene Tätigkeit, z. B. die Brotherstellung heiter? Oder wird dabei verlangt, meine Heiterkeit aufzugeben, wie es in Großbäckereien leicht ersichtlich der Fall ist?

Schönheit

Ähnlich der Heiterkeit berichteten diese „Entdeckern" ebenfalls, dass die dort vorgefundenen Menschen ebenmäßig und schön gewesen, seien von hohem Wuchs, gesunder Haut, weißen, vollständigen Zähnen und glänzendem Haar.
Und das ganz ohne Schönheitsindustrie, plastische Operationen, Kosmetik usw.
Es darf also berechtigt vermutet werden, dass Menschen aus sich selbst heraus und allgemein vorherrschend, schön und gesund sein können. Doch womöglich haben wir uns so sehr daran gewöhnt, viel Hässlichkeit vorzufinden, dass wir uns das gar nicht mehr vorstellen können. Filme, Bücher und Dokumentationen über das Mittelalter, ja sogar sich wissenschaftlich nennende Glaubenssätze über die grundsätzlich kleineren und kränkeren Menschen in allen vorbürgerlichen Zeiten, haben sich tief ins kollektive Selbstverständnis eingegraben; unabhängig von ihrem Wahrheitsgehalt.
Man überlege sich nur einmal was heutzutage geschähe, wenn nur für eine Stunde einmal, meinetwegen im Zentrum Berlins, alle künstlichen Schöhnheits- und Gesundheitsmasken fallen würden. Keine künstlichen Gebisse und Haare mehr, weder

gefärbte noch aufgesetzte. Keine Schminke mehr, die Haut verstecken soll. Keine implantierten Prothesen und Silikon-Pölsterchen, aber auch keine entfernten Wucherungen mehr. Es würden auch künstliche Kontaktlinsen verschwunden sein, gelaserte und gespritzte Faltenfreiheit ebenso. Ganz zu schweigen von künstlichen Knackärschen in Jeans eingenäht, Miedern, hochschnallenden, stahlbewerten BHs und was es nicht alles noch gibt, um die gesellschaftlich bedingte Horrorschow an Hässlichkeit zu verbergen.

Daher halte ich auch „ungeschminkte" gesunde Schönheit für ein Kriterium einer menschlichen Gesellschaft.

Gesundheit

Die Homöopathie kennt Arzneimittelprüfungen NUR am Menschen und zwar am gesunden. Daher kann laut diesem medizinischen System ein Gesunder nur von außen und unter Gewalteinwirkung wirklich krank werden. Doch, so darf inzwischen gefragt werden, gibt es noch wirklich gesunde Menschen? Offenbar kaum, was diesbezüglich ein Problem ist. Wohlgemerkt, obwohl schulmedizinisch so betrachtet, zählen zu den Krankheiten aber weder Schwangerschaft noch Reife- und Wandlungszeiten, wie die Wechseljahre. So werden viele, natürliche Lebens- und Heilungsprozesse nicht mehr fürsorglich begleitet und befördert, sondern ganz im Gegenteil bekämpft und erstickt. Mit dem Ergebnis, diese einzufrieren, was dann zu chronischen Krankheiten führt.
Also stehen offenbar auch gänzlich neue Beschreibungen von Gesundheit samt deren Lebensprozesse an, die Grundlage sein können, für eine zu schaffende, menschliche Gesellschaft.

Daher gehe ich davon aus, dass eine solche Gesellschaft im wesentli-
chen gesund ist, selbst wenn es jemanden z. B. in den Wechseljahren
einmal nicht gut gehen mag, eben weil zum Gesundsein auch Reife-
und Wandlungsprozesse zu zählen sind.

Weiterhin wird es selbstverständlich weiterhin auch Krankheiten geben. Sei es durch Unfälle, durch Infektionen infolge
von Erkältungen oder eben durch Schwäche, bei entsprechend
aufgeführten Wandlungsprozessen. Auch ein Schmetterling ist
verletzlicher, wenn er gerade aus der Puppe geschlüpft ist.
Die negativen Folgen daraus, dürfen jedoch keine gesellschaftlichen Massenerscheinungen mehr werden!

Verspieltheit

Es heißt, Arbeit habe erst den Menschen zum Menschen gemacht. Das stelle ich in Frage, zumal das, was wir als Arbeit
bezeichnen, durchgehend die moderne Menschheit von sich
selbst entfremdet. Arbeit macht nicht nur krank, sondern raubt
dem Menschen sein Menschsein, macht ihn zu einem unbewusst funktionierenden Automaten. Kann diese sinnentleerte
Lohnarbeit wirklich ein solches Wesen hervorbringen, wie es
der Mensch tatsächlich ist bzw. sein könnte, wenn er gelassen
würde? Mir ist unvorstellbar, dass der Mensch aus so etwas
hervor gehen, geschweige denn mit Fließbandarbeit oder
Müllfahren bei sich bleiben könne. Was ich bewusst schreibe,
ohne die Menschen zu verurteilen, die sich für ihren Lebensunterhalt gezwungen sehen, sich in diesen Tätigkeiten zu Wert
zu „verbrennen".
Vielmehr scheint es mir nachvollziehbarer, dass der Mensch
seine Wurzeln im Spiel finden kann, sowohl im schöpferischen

Spiel seines Geistes als auch mit seinen Händen. Allein die Beobachtung eines kleinen Kindes, wie es sich verspielt die Welt aneignet, welche erstaunlichen Lösungen es selbst gestaltet und mit welcher Freude es mit anderen spielt, deutet darauf hin, dass das schöpferische Spielen als ein urmenschliches Wesensmerkmal betrachtet werden kann. Vielleicht merkte es der Mensch damals gar nicht, wie ES beim Spielen ER wurde.

Allerdings meine ich hier nicht das, was tatsächlich kaum noch etwas mit der Leichtigkeit und Freude des Spielens zu tun hat, wie es heute beim Fußball abläuft, dass der Gegner zu vernichten sei. So etwas ist ein Zerrspiegel, ein Merkmal einer menschenfeindlichen Gesellschaft.

Daher sehe ich Spielen, Verspieltheit, schöpferisches Spiel der Möglichkeiten, fern von jedem Krampf und Kampf, als wesentliches Merkmal einer menschlichen Gesellschaft.

Tätigkeit

Leider wird das, was wir heute Arbeit nennen gedanklich auf die gesamte Menschheitsgeschichte zurück übertragen, als arbeiteten auch schon unsere feuersteinschlagenden Urahnen. Aber das ist offensichtlich falsch. Arbeit (also abstraktes, sinnentleertes Arbeiten für Lohn) in unserem heutigen Sinne gibt es als übergreifende gesellschaftliche Kategorie erst seit kapitalistische Gesellschaften auftraten. Vorher war die vorherrschende Form konkretes sinnliches Tätigsein. Aber wir sind so weit von dieser Arbeitsideologie durchseucht, dass wir sogar von Heilarbeit, Trauerarbeit, Gartenarbeit usw. sprechen. Wir merken gar nicht mehr, wie dumm und falsch das ist.

Aus diesem Grund halte ich eine zu schaffende menschliche Gesellschaft für frei von Arbeit, wie wir sie jetzt pflegen. Daher ist das anzulegende Kriterium, schöpferisches, lustvolles und vorallem sinnerfüllendes Tätigsein.

Abstrakten Lohn kann, wird und braucht es nicht mehr zu geben, erst recht nicht, um mittels ungeliebtem Arbeiten den Lebensunterhalt finanziell erzwingen zu müssen.

Sexualität

Kaum etwas ist gesellschaftlich verinnerlicht so sehr gebannt, wie Sexualität. So frei, wie sie medial dargestellt wird, ist sie keineswegs. Und selbst diese Darstellung, so frei wie sie in Bildern daherkommen mag, ist alles andere als frei. Eine schöne Frau als Argument für einen Autokauf zu zeigen, hat nichts mit freier Sexualität zu tun, sondern mit brutalem Betrug. Auch Filme mit offenherziger Sexualität nutzen diese zuhauf, um die Kinokassen zu füllen. Doch die Bannung liegt tiefer. Da ist gerade in diesem hochlebendigen Bereich von Sündigkeit die Rede, von „schmutzigen" Gedanken, von „schlüpfrigen" Witzen, die unter die Gürtellinie zielen usw. Jeder kennt das.

Das verkniffene bürgerliche Ideal von Ehe und Partnerschaft hat womöglich mehr dazu beigetragen, menschliches Leid zu erschaffen, als mancher Krieg – für die Erwachsenen, wie für die Kinder und darüber hinaus.

Daher sehe ich eine, unter anderem von allen Glaubens- und Religionszwängen befreite Sexualität ebenfalls als Merkmal einer menschlichen Gesellschaft.

Was überhaupt nicht heißt, Sexualität brutal ins Licht zu zerren, ihrer Geheimnisse zu entkleiden, wie es beispielsweise in Werbung und Film alltäglich geschieht.

Spiritualität

Neben der Sexualität ist womöglich nichts so verteufelt worden, wie die natürliche Spiritualität, jenseits aller Glaubenssysteme. Offenbar hatte und hat so mancher Herr und Funktionär soviel Angst davor, dass nicht nur massenhaft Frauen deshalb verbrannt wurden, sondern manche Religion soweit ging, auf diese zu verzichten. Ein Musterbeispiel dafür ist der Protestantismus. Offene Blicke in dessen Kirchen, wo meist zum Gotterbarmen jegliche Lebenslust erstorben scheint und Spiritualität vom Wesen her unerwünscht sich zeigt, offenbaren viel.

Auch deshalb halte ich allgemein vorhandene, natürliche, sinnlich erleb- und erfahrbare Spiritualität als grundlegendes Kriterium einer zu schaffenden menschlichen Gesellschaft.

Die Trennung von sinnlich-körperlicher Wahrnehmung auf der einen und die der unsichtbar-geistigen auf der anderen Seite wird aufgehoben sein und als untrennbare Einheit erkannt und gelebt werden. Schamanen als besondere Brückenbauer zwischen alltäglicher und nichtalltäglicher Wirklichkeit sind nicht mehr erforderlich, weil die Lebensweise eine allgemeinschamanische sein wird.

Mitgefühl

Die gegenwärtig vorhandene, unter anderem auf Konkurrenz fußende Gesellschaft schließt Mitgefühl schlichtweg aus. Wer mitfühlend ist, hat ein grundlegendes Problem, sich im Wettbewerb zu behaupten. Mitgefühl ist somit zu einem Gegner für die eigene Lebensfinanzierung geworden. Kapitalismus erzwingt die Verweigerung des Mitgefühls. Wer siegen will, darf nicht mitfühlen, was letztlich jeder muss, um finanziell zu überleben. Daher ist Geiz geil, daher wird Neid medial angestachelt und deshalb gelten rücksichtslose Typen die nachtreten als Ideal. Wohlgemerkt, ich schreibe hier nicht über den Freikauf von Mitgefühl zu den weihnachtliche Spendenaktionen bzw. den gecoachtem Mitgefühl zur Stärkung des Gewinns (soziale Kompetenz kommt gut an).

Wirkliches, uneigennütziges, also natürlich-menschliches Mitgefühl ist daher allgemein vorhandene Daseinsweise des Menschen OHNE ihm dafür Nachteile einzubringen.

Solches Mitgefühl sehe ich als wesenhaftes Kriterium in einer zu schaffenden menschlichen Gesellschaft.

Kreativität

Wie fast alles ist Kreativität längst nicht mehr menschliche Lust und Selbstzweck des Menschseins, sondern Mittel zum Zweck der Mehrwehrtgenerierung und des Systemerhalts. Kein Wunder also, wenn Kreativität Folterwerkzeuge, Mordinstrumente ebenso hervorbringt, wie Zuckerwässer als Gesundheitsnahrung oder verstümmelnde Chemotherapien als Heilwege.

Menschliche Kreativität ist heilende, erfüllende, spielerische, erheiternde, tüftelnde, schöpfende, lustvolle und lebenserhaltende Eigenheit.

Daher sehe ich menschliche Kreativität als prägendes Merkmal einer noch zu schaffenden menschlichen Gesellschaft.

Authentizität

Jesus meinte in seiner Bergpredigt auf die Frage, was er vom Schwören halte, Dein Ja sei ein Ja und Dein Nein auch ein Nein. Man schaue sich jedoch einmal um, wo dieser schlichte Gedanke tatsächlich gelebt wird! Aber so weit ist es gar nicht nötig, zu blicken. Wer weiß nicht aus eigenem, inneren Erleben, wie oft Ja gesagt wird, obwohl alles nach Nein schreit und umgekehrt?

Wie oft wird geglaubt, dem Gegenüber die eigene Wahrheit, die eigene Lust oder Unlust so nicht sagen zu dürfen. Immer ganz menschenfreundlich verbrämt, ihn nicht verletzen zu wollen. Doch geht es nicht vielmehr darum, sich selbst nicht auszuhalten, den eigenen Standpunkt klar auszudrücken bzw. dem Gegenüber nicht zuzutrauen, einen aushalten zu können?

Daher halte ich die Menschen in einer zu schaffenden menschlichen Gesellschaft für absichtsvoll authentisch, bis sie es irgendwann sind, ohne es noch zu merken.

Respekt

Vorstehendes setzt Respekt voraus. Nein, keine Angst, nicht den Respekt der Unterwürfigkeit vor Hierarchien, wie es diese jetzige Gesellschaft benötigt, so undemokratisch wie sie beispielsweise in ihrem gesamten Wirtschaftsgebaren ist. Nur bei fehlendem Respekt vor dem Leben, vor aller Natur ist es möglich, in jedem Jahr hunderte Millionen Tiere für Tierversuche zu verstümmeln und abzutöten. Was sollen da für Heilmittel herauskommen als abtötende Medikamente? Jetzt erst las ich einen Artikel, in dem der „vielversprechende" und „erfolgreiche" Versuch beschrieben wurde, wie durch Einpflanzen von Schlangen-Genen in Mäuse, solche ohne Beine geboren werden. Nun Prost, dass wir in der Lage sind, Krüppel auf diese Weise zu erschaffen!

Der dabei offensichtlich fehlende Respekt lässt die Erde verschmutzen, die Träume belachen und verlieren, die Menschen in Armut und Elend werfen. Vieles ließe sich aufzählen.

Dort, wo Respekt nur für respektable Personen und Strukturen vorhanden ist, also letztlich Respekt vor finanzieller Verfügungsmacht, braucht es nicht zu wundern, wenn für Geld Menschen getötet werden. Dazu gehört auch das Verhungern, Verdursten und Sterben von Kleinkindern mangels finanzierbarer Fürsorge. Die Zahl der Toten des zweiten Weltkrieges sind allein seit diesem Menschheitsverbrechen x-male überschritten worden. Zählen sie nicht, in der ach so „erfolgreichen" Geschichte des Kapitalismus?

Daher sehe ich es als ausgemacht an, dass in einer zu schaffenden menschlichen Gesellschaft jeder Respekt vor Hierarchien, Geld, Ideologien und abstrakten Religionen verloren geht, dafür jedoch ein unerschütterlicher Respekt vor dem Leben, vor jedem „Geschöpf" und

aller Natur vorhanden ist, dereinst (falls es gelingt zu überleben)
ganz selbstverständlich gelebt wird.

Somit schließen sich Tierversuche ebenso aus, wie Soldaten, sachlich lebenszermalmender Individualverkehr, „Unkraut-vernichter" usw. Allein der Gedanke, wieviele wunderschöne Schmetterlinge, schillernde Käferchen und fleißige Bienchen auf unseren Windschutzscheiben nebenbei zermantscht und ebenso nebenbei mit Seifenspülungen beiseite gewischt wer-den, dürfte Menschen einer wirklich menschlichen Gesell-schaft den Magen heben lassen.

Individualität und Gemeinschaftlichkeit

Menschliche Individualität beinhaltet und setzt eingewoben-sein in Gesellschaftlichkeit voraus, OHNE das eine gegen das andere auzuspielen bzw. automatisch (unbewusst) in Gegner-schaft geraten zu lassen.

Bürgerliche Individualität, wie sie gegenwärtig verstanden und gelebt wird, kann daher keine lebendige sein, da sie sich allein schon auf Grund der Rücksichtnahme der Lebensfinan-zierung nicht wirklich entfalten kann. Ganz im Gegenteil wird sie andauernd dafür zu gleichmacherischen Rollen pervertiert, in Funktionen gepresst sowie seelisch, geistig und sogar auch körperlich im wahrsten Sinne des Wortes beschnitten. Deshalb versteht sich heutige Individualität nur als Form des pfiffigen Maskenwechslers, der reflexhaft die Funktion erfüllt, die seiner Verwertung dient. Dahinter ist nur gähnende Leere und kein menschliches Individuum zu finden. Auf Arbeit der Sieger der Konkurrenz, in der Kirche der demütige Menschenfreund, in der Luxuslimusine der Raser und Fahrradbeschimpfer, am

Wochenende der Öko-Fahrradfahrer und Luxuslimusinenbe-
schimpfer usw. und alles ein einziger Mensch, der diesen Namen eigentlich nicht verdient hat.

*Menschliche Individualität ist somit ebenso Voraussetzung für Ge-
meinschaftlichkeit, wie für menschliches Verhalten OHNE Konkurrenz.*

Menschliche Individualität ist frei davon, sich auf Kosten anderer darstellen zu wollen; weil sie sich nicht darstellt sondern
individuell ist. Eine solche freie, ungeschminkte, menschenzu-
gewandte und lebensfreundliche Individualität setzt eine Gesellschaftlichkeit voraus, die dies ermöglicht und sogar benötigt, um menschlich sein zu können.
Eine solche Gemeinschaftlichkeit würde ersterben, wenn sie
Individualität beschneidet. Daher ist eine solch zu schaffende
menschliche Gesellschaft hochindividuell und gleichzeitig
hochgesellschaftlich. Konkurrenz schließt sich somit aus.

Lebendigkeit

Was macht es für einen Sinn bzw. wie belebend kann eine Gesellschaftlichkeit sein, die Selbstaufgabe und Verbrauch von
Leben benötigt, um daraus tote Reichtümer zu erschaffen? Allein Arbeitszeit also Lebenszeit zu verbrauchen, um dafür Lohn
zu bekommen, der dann wieder ausgegeben werden muss, um
sich zu beleben zeigt, dass schon die „Reibungsverluste" nicht
mehr die verbrauchte Lebendigkeit erneuern können, wie sie
bei sinnfreien Jobs verloren geht.
Gleiches trifft auch auf abtötende Chemotherapien zu, auf
Amputationen mangels besseren Verständnisses von Wand-

lungsprozessen usw. Kann es denn wirklich Sinn machen und menschlich sein, „lieber" eine Gebärmutter operativ zu entfernen, nur weil die Regelblutungen infolge fehlender gesellschaftlicher Freiräume stören?

Weshalb geraten Frauen, mitunter auch in ihrem eigenen Selbstverständnis in einem solch brutalen Konflikt mit ihrem eigenen Wesen? Was durchaus keine individuellen Ausnahmen sind. Neben der finanziellen Existenzangst, und dem Erfüllen von anerkannten Rollen fehlen natürlich auch Freiräume und Gelegenheiten, Zeit und Geborgenheit, um sich statt mit Existenzängsten herumzuplagen, mit den Wandlungsprozessen ihres Körpers auseinandersetzen zu können.

Daher wird auch die Lebendigkeit, die Belebungsfähigkeit von allen Entscheidungen, Strukturen, Prozessen, Behandlungen usw. Kriterium sein, wenn eine menschliche Gesellschaft (hoffentlich) erschaffen wird.

Moral

Bürgerliche Doppelmoral ist sprichwörtlich und weil zutreffend, zu einem geflügelten Wort geworden. Unzählige Beispiele dafür können leicht aus dem Ärmel geschüttelt werden. Nur eins führe ich hier stellvertretend auf, die der geschützten Pflanzen und Tiere. Da gibt es rote Listen und viele, viele Propagandabroschüren usw., was wie zu behüten ist. Kindern wird in Kindergärten und Schulen in vielen Projekten und aus Lehrbüchern nahegebracht, sich für die Natur und deren Erhalt einzusetzen. Nicht nur einmal hörte ich auf meinen Kräuterwanderungen den berechtigten Einwand von Kindern, dass dies und das Kräutlein nicht als Tee eingesetzt werden dürfe, weil es geschützt sei. Und manchmal erlebe ich dabei, wie wir gerade darüber sprachen und nebenan eine riesige Forstmaschine über genau die soeben noch als schützenswert gewussten Pflanzen drüber rammelt, ohne auch nur den Fahrer merken zu lassen, was er da gerade niederwalzt. Fragst du dann nach, kommt prompt das Totschlagargument, es sei sonst nicht wirtschaftlich. Gleiches trifft auch zu, was die Hungernden und Leidenden dieser Erde betrifft. Es sei schlicht nicht bezahlbar, die Millionen Kinder zu retten, die jährlich an eigentlich leichten Erkrankungen und leicht zu beseitigenden Hungersnöten sterben. Aber selbstverständlich wird zu Weihnachten gespendet. Wenn das keine Doppelmoral ist? Und was nützt ein Wirtschaftsmodell, das Menschen, Tiere und Pflanzen sterben lässt, nur dass am Ende schwarze Zahlen geschrieben werden? Ich denke, wir wirtschaften für uns Menschen und nicht für sinnleere Zahlen? Doch offenbar ist das nicht so. Daher ist immer wieder die schlichte Frage zu stellen, für was brauchen wir diese Wirtschaft, für uns Menschen oder verbraucht die Wirtschaft uns Menschen (für gute Zahlen)?

Allein ein Blick auf die fröhlich aus Riesennaturvergiftungsmaschinen umgebrachten Pflanzen auf unseren Feldern sollte für klare Antwort sorgen.

Aus diesem grundsätzlichen Problem heraus, gehe ich davon aus, dass es in der zu schaffenden, menschlichen Gesellschaft keine Doppelmoral als Massenerscheinung mehr geben kann. Was sich aus der Übereinstimmung ihrer grundsätzliche Daseinsweise rein strukturell zu ergeben hat. Also ist immer wieder die Frage zu stellen, befinden sich Wort und Tat, Wirtschaften und Umgang mit dem Leben, der Natur in Übereinstimmung. Jede Abweichung davon ist immer wieder aufhebend nachzujustieren.

Kinder

Es ist so alltäglich und doch Teil der Entfremdung von unserer eigenen Natur, wie Kinder heranreifen bzw. daran gehindert werden. Lärm (überhandnehmende Ultraschalluntersuchungen) bereits im Mutterbauch, zur Gewöhnung an die Zeit nach der Geburt, kalte, tote Kunstoffmutterbrustersatznuckel, alltäglich gewohntes Herausreißen aus generationenübergreifenden Familiengemeinschaften, Lernen von Faktenwissen zur Abspaltung von sinnlicher Selbsterfahrung und vieles andere mehr, an das wir wie selbstverständlich gewöhnt sind. Aber wo bleiben die Freiräume für das freie Aufwachsen der Kinder ohne dieses andauernde Trommelfeuer, sich am blinden Funktionieren orientierter Kindsprogrammierung zu „selbstständigen" Selbstverwertern? Wo haben Eltern existenzangstfreie „Räume", gemeinsam mit ihren Kindern deren Reifen zu erlauben und zu gestalten? Ja, wo haben Eltern überhaupt noch das innere Selbstverständnis, das Wissen und den Anspruch, mit Kindern zu leben? Wie oft werden sie vor Bildschirmen geparkt, um Ruhe vor ihnen zu haben? Ja, wozu haben beruflich und gesellschaftlich erfolgreiche „Exemplare" überhaupt Kinder? Und, was mich auch sehr bewegt, wo bleiben überhaupt noch „wilde, geheimnisvolle" Räume unberührt, in denen Kinder träumen, die Welt menschengerecht erfahren können. Gerade in den wenigen vergangenen Jahren seit der Krise 2008 scheint es so, als will der Krise durch noch mehr Entfremdung, durch noch mehr Reglementierung, durch noch mehr Naturzerstörung bzw. -zähmung begegnet werden.

Das System darf nicht am Ende sein, nein, nein! „Lieber" bringen wir uns und alles andere um.

Allein was hier am Scheibenberg für unberührte Fleckchen Natur durch planierte Wege zerstört wurden, lässt einen vor

Schmerz und Hilflosigkeit aufheulen. In der Stadt werden mit verbissener Selbstverständlichkeit offenbar alle Wege und Gassen in steinerne Kanten gefasst. Jedes bisschen Grün wird fein säuberlich von den Bereichen getrennt, wo wir uns bewegen. Mich erschreckt dabei, die positive Mehrheitshaltung zu diesen natur- und menschenfeindlichen „Pyramidenbauten". Ich frage mich, wann wir merken, wie sehr wir uns damit unsere eigenen Gräber schaufeln?

Daher wird eine zu schaffende menschliche Gesellschaft, sich der heutigen Entfremdung von Schwangerschaftstagen an entledigen, und Freiräume für Vater, Mutter, Kind und Großeltern schaffen, eingebunden in Naturnähe.

Was da für Aufgaben anstehen, sind ersichtlich und doch machbar, weil letztlich ziemlich einfach. Die Kriterien sind auch hier sinnliche, natürliche und soziale Freiräume, für die dementsprechenden Wege, die diesen entsprechen und sie wie von selbst gewährleisten. Die künstliche Trennung der Generationen gehört sicherlich nicht dazu, weder in „Freizeit" noch in „Wirtschaft". Denn auch wirtschaftliches Tätigsein wird und muss MIT Kindern möglich sein. Schier unvorstellbar, oder? Und doch notwendig, machbar und sinnvoll.

Tod

Der Tod gilt als Feind, der standhaft verdrängt und bekämpft wird, um leben zu können. Wie dumm! Erst dadurch wurde und wird die jetzige Gesellschaftsform zu einer Totenkultur. Gerade weil Veraltetes nicht sterben gelassen wird, hält Krankheit und Tod reiche Ernte. Weil Jugendlichkeit nicht sterben darf, um reifes Alter gebären zu können, sterben unzählige Menschen vorzeitig ... gesellschaftskonform im Sarg mit roten Wängchen jugendlich geschminkt. Viele Beispiele ließen sich finden. Kein Wunder also, wenn der Tod zu dem Ungeheuer wird, als der er verleumdet wird. Was bleibt ihm weiter übrig, um das Leben am Fließen zu halten, als sich gewaltsam durchzusetzen? Ist nicht der Tod das Goldene Kalb, um das wir alle, es nicht wahrhaben wollend, heftig tanzen? Geld ist tot! Alle Maschinen sind tot! Alte Glaubenssätze sind tot! Ideologien sind tot! Heilige Bücher sind tot! Digitale Bilder sind tot! Pornos sind tot! Museen sind tot! Überall Tod ohne Leben. Ein Totenkult ohne gleichen. Um das sich aber nicht einzugestehen, wird er aus jeder Wahrnehmung vertrieben.

So sehe ich den Tod als Freund einer quicklebendigen, menschlichen also zu schaffenden Gesellschaft, die sterben lässt, was reif ist und gar nicht erst erschafft, was von vornherein tot ist.
Daher sehe ich es als Kriterium von Leben und Menschlichkeit an, wenn Tod dort sein darf wo Leben geboren werden will. Höchster Maßstab also sei, die Einheit von Tod und Leben!

Natürliche Rhythmen

Die Novemberdepression ist ein Feind, wie überhaupt jede Depression. Auch der Winter gilt als ungeliebter Geselle, der unter anderem mit Salz zu bekriegen ist. Dazu kommt die Nacht, die zum Tag erhellt wird und auch die lästige Müdigkeit, der man mit Chemie den Garaus macht.
Lust wird mit blauen Pillen erzwungen aber auch mit diversen Getränken ersäuft.

Wir wäre es aber damit, wenn Depression kein Schicksal ist, sondern eine verhinderte Wandlung, wie sie die Natur in ihren Rhythmen vorgibt und benötigt? Stecken geblieben, ja eingefroren im Kampf zwischen Bisherigem und dem Wunsch nach Wandlung, vergiften die mächtigen und doch damit verhinderten Möglichkeiten des Lebens das Leben selbst und schaffen den depressiven Menschen, wie er heute zum Alltag gehört.

Und so finden sich überall die finstern Geister, die Rhythmen des Lebens zu bannen. Es sind die Geister, die wir Wecker nennen, elektrisches Licht, chemische Stimulantien, Antidepressiva und was weiß ich nicht alles.

Wie auch die Natur soetwas wie eine Winterdepression braucht, die Zeit des Rückzugs, um sich zu erneuen, ihre Wiedergeburt im Frühling, brauchen wir Menschen das ebenso. Auch wir sind Natur, obwohl wir das vergessen haben, uns selbst fremd geworden sind.

Gerade deshalb wird sich eine zu schaffende menschliche Gesellschaft grundsätzlich und weitestgehend mit den natürlichen Rhythmen arrangieren, sich in diese einfügen, um Leben zu erhalten und zu befördern.

Geselligkeit

Und was ist falsch daran, wenn sich Menschen gesellig an dunklen Winterabenden zusammmen finden, noch bei warmen Licht miteinander schwatzen, träumen oder um einfach nur still beieinander zu sein. Wie anders als in kalten Büro- und Farbrikräumen, wie anders als vor flackernden Bildschirmen, wo Geselligkeit an diesem künstlichen Herdfeuer nicht nur vorgetäuscht sondern auch noch mit fremden Träumen aufgeladen wird. Gemeinsam könnte auch im Dunkeln der Heimweg angetreten werden, vielleicht erhellt von einem Lämpchen, anstatt ganzen Städten die schlaffördernde Dunkelheit zu rauben.

Daher wird eine zu schaffende menschliche Gesellschaft von Geselligkeit geprägt sein, von Gesang und Lachen, mit Geborgenheit, von schöpferischem Schaffen und Träumen und in dieser Geselligkeit auch die weitere Gestaltung dieser Gesellschaftlichkeit besprechend.

Gott

Abgesehen von diesem, eigentlich inhaltsleerem Begriff, scheint es zumindest bei den Vertretern der drei großen Buchreligionen ausgemacht, sie allein und jeder für sich wisse ganz genau, was recht und Gott ist. Fragst du sie nach der Herkunft ihres Wissens, wird das BUCH als Quelle angegeben. Der sich selbst beweisende Beweis ist erbracht. Daran darf nicht gerüttelt werden, obwohl dieser gerade in der Bibel gezeichnete Gott für jedes Kind als psychopathisches Ungeheuer deutlich sichtbar beschrieben wird. Immer noch wird von Barmherzigkeit geschwafelt. Kaum zu glauben! Offenbar zählen in Gottes Auftrag Gequälte und Dahingemetzelte nicht! Fragen zu den Widersprüchen dürfen nicht gestellt werden, weil diese Teil Gottes unergründlicher Weisheit seien. Allein die Frage, weshalb Gott einen Teufel braucht, verwirrt. Er sei ein abgefallener Engel, heißt es. Aber wieso konnte er gegen Gottes Willen abfallen? Ist seine Schöpfung doch nicht vollkommen? Dann ist er kein Gott! Hat er die Welt aber absichtlich unvollkommen erschaffen, ist er auch kein Gott, weil er dann bösartig wäre, und offenbar Bedarf daran hat, seine eigenen, ihm gerade ebenbildlichsten Geschöpfe zu prüfen. Aber traut er sich dann selbst nicht, wenn er seine, ihm ebenbildlichen Geschöpfe prüfen muss? Auch der freie Wille ist keine Rechtfertigung, Geschöpfe zu schaffen, die mit dem von ihm verliehenen freien Willen dann Scheiße bauen! Was ja wiederum nur heißen kann, wenn wir Menschen gottesebenbildlich sind, dann müssen wir es auch im Bösen sein. Also muss Gott auch dieses Böse haben, oder wir sind doch nicht sein Ebenbild. Wir wir es auch drehen und wenden, es stimmt da etwas nicht, vielleicht, dass es einen solchen Gott gar nicht geben kann, wie ihn die christliche Kirche blindwütig behaupten.

Daher sehe ich es als folgerichtig an, dass auch die großen spirituellen und religiösen Fragen, für eine und in einer zu schaffenden, menschlichen Gesellschaft, neu gestellt werden:
Woher komme ich? Wer bin ich?, Wohin gehe ich? Woher kommt diese Welt? Was macht das alles für einen Sinn?

Damit ergaben sich weitere Fragen, also auch die nach Gott: Gibt es einen persönlichen Gott, und was ist mit Barmherzigkeit und Allmacht und Allwissenheit usw.?

Die Kriterien sind auch hier wieder die, wie lebensdienlich, sinnerfüllend und natur- und menschenfreundlich die Antworten sind, die gegeben werden.

Wenn Menschen allein wegen geschriebener Wörter verbrannt, verfolgt und ausgegrenzt werden, dann kann darin sicherlich keine Zukunft in dieser menschlichen Gesellschaft mehr gesehen werden.

Genuss

Aus unerfindlichen Gründen wurden und werden noch zu schaffende menschliche Gesellschaftsformen zumeist als genussfeindlich, asketisch oder doch zumindest effektiv-rentabel verstanden. Das mag womöglich von der längst verinnerlichten Ansicht her stammen, eine solche Gesellschaft habe den Kapitalismus in seinem Rentabilitätswahn noch zu übertreffen. Der „Sozialismus" sei an mangelnder Produktivität gescheitert, verkünden noch heute manche von seinen ehemaligen Führern, wenn sie sich denn überhaupt noch zu ihrer Vergangenheit bekennen, und beweisen doch damit nur, dass sie immer noch so weiter machen würden, woran sie gescheitert sind. Es müsse alles nur noch effektiver, rentabler und rationaler gemacht werden. Was natürlich Genuss, wie auch Muße ausschließt bzw. wieder auf den Sanktnimmerleinstag verschiebt.

Doch auch hier lehrt ein Blick in die Natur (ich weiß, ein entfremdeter Ausdruck), wie wenig es dort um das Ausnutzen (Verwerten) bis zum Letzten geht.

Auch wenn Menschen, als gesellschaftliche, selbstbewusste Wesen nicht völlig mit natürlichen Wesen und Prozessen verglichen werden können, zeigen sich doch dort viele Eigenheiten des Lebens, die Grundlage sein können, um taugliche Kriterien für das menschliche Miteinander zu entwickeln. So kann beobachtet werden, wie großzügig Tiere mit ihrer Nahrung umgehen. Das kann als Verschwendung betrachtet werden aber auch als Teil des Genusses bzw. der Großherzigkeit, auch für Andere etwas übrig zu lassen. Bitte nicht das als Maßstab nehmen, was sich aus unserem menschlichem Kampf gegen alle Natur ergeben hat und ergibt.

Genuss, ohne mit Dekadenz, Völlerei und Verschwendungssucht gleichzusetzen, dürfte ein wesentliches Kriterium sein, bei der Gestaltung einer menschlichen Gesellschaft.

Dabei geht es weder nur um Freizeit, noch besondere Zeiten, sondern um die Überwindung der Trennung von „Produktion" und genussvoller „Bedürfnisbefriedigung".

Zeit

Frei verfügbare Zeit, so Marx, sei das höchste Gut des Menschen. Allein diese Aussage gerät maximal in Widerspruch, zu der Zeiteffektivität und der Taktvorgabe mit Hilfe von Zeitmaschinen (Uhren) der heutigen Lebensweise. Wer kann sich schon eine Welt ohne Weckmaschinen, Stoppuhren und Massensynchronisation vorstellen?

Einfach da sein, ohne vom allgegenwärtigen Zeitmaschinentakt gegängelt zu werden, kann daher ebenfalls nur eines der Kriterien, einer zu schaffenden menschlichen Gesellschaft sein. Sommerzeitumstellung wird daher schon als Begriff belächelt werden.

Stille

Bluthochdruck ist eine Heilreaktion auf verschiedene Anforderungen, wie die Gewährleistung der Sauerstoffversorgung im ganzen Körper oder andauernde „Hab-Acht-Stellung" in Beruf und „Freizeit". Auch durchgehend einwirkender Lärm kann dazu führen. Doch Stille wird ebenso häufig in der jetzigen Lebensweise gemieden, wie tatsächliche Muße. Letztere als Faulheit gar verleumdet. Wer hält wirklich Stille aus, lässt es zu, die durch Lärm standhaft vertriebenen Gedanken hereinbrechen zu lassen? Wer stellt sich hin und sagt zu seinem Chef (und wenn es der eigene, innere ist): „Du, ich habe heute keine Lust zu arbeiten!" Die häufigste Ausrede ist bekannt: „Bin krank, fühle mich schlecht." Verständlich, wenn die finanzielle Existenz bei ehrlicher Antwort in Gefahr gerät.

Daher sehe ich eine zu schaffende, menschliche Gesellschaft als eine an, die Stille und Muße nicht nur erlaubt, sondern als Lebensweise alltäglich beinhaltet.

Unberührte Natur

Die meisten von uns wissen nicht, was unberührte Natur ist. Meist wird sie mit Dschungel in fernen Ländern gedacht. Meist zurecht! Und doch findet sich hier noch unberührte Natur, beispielsweise wenn die Presswehen bei der Geburt einsetzen und die Frau sich ganz dieser wilden Kraft hingibt. Diese ist ganz unberührte Natur, ebenso wie das Kind, welches damit hervor gebracht wird.

Auch scheinbar überraschend hereinbrechende Krankheiten schießen uns aus unserer Verhausschweinung in die unberührte Natur. Aber ich meine noch etwas anderes. Zumeist bewegen wir uns, selbst wenn wir in scheinbar unberührte Wälder gehen, doch in gestalteter Natur. Die schönsten, heilkräftigsten Kräuterwiesen hier im Erzgebirge, erfüllt von Arnikas, Orchideen, Bärwurz, Thymian und vielen anderen, sind kein Ergebnis unberührter Natur, sondern einer, dieser kargen, mittelgebirgischen Gegend entsprechenden, naturnahen Bewirtschaftung. Ebenso wie noch vorhandene Hecken und rauschende Wälder. Letztere leider zumeist zu kränkelnden Holzplantagen pervertiert.

Und dort, wo es noch wilde Ecken, geheimnisvolle Heiden und Felsklüften gibt, locken Modeerscheinungen wie Fahrrad-Kampf-Strecken und satelittengeführte Schatzsucher vermeintliche Naturfreunde bis in die äußersten Winkel natürlicher Rückzugsräume. Von Achtung für Stille, Geheimnis und Geborgenheit scheuer Wesen keine Spur. Manchmal möchte ich schreien, wenn sich kein ruhiges Plätzchen mehr findet.

Daher wird Kriterium einer zu schaffenden, menschlichen Gesellschaft sein, frei von Modeerscheinungen bzw. vermeintlichen wirtschaftlichem Vorrang und in höchstem Respekt vor wilder Natur, diese nicht nur wesentlich unberührt zu lassen – selbst wenn darunter die größten Ölvorräte der Welt lagern würden – sondern diese gemeinschaftliche Lebensweise so zu gestalten, dass sie den Erhalt der wilden Natur sogar unbedingt bedarf.

(Mir ist die Künstlichkeit des Begriffs Natur durchaus bewusst, genau so wie die sprachlichen Ausdrücke von Umwelt usw. Alles das drückt sprachlich sehr deutlich die herausgehobene Entfremdung, unser gegenwärtiges Selbstverständnis aus, eben keine Natur zu sein. So sehe ich es als notwendig an, auch eine neue, von aller gesellschaftlich-unbewussten Wertung getragene Sprache zu schaffen. Was bis zu den Themen von Objekt, Subjekt und z. B. den Geschlechtern führen dürfte.)

Wildwuchs

Was mag nur der Grund sein, so weit wie möglich, jede Grasfläche zu kurzgeschorenem Rasen zu machen, mit den sirmenden Rasentrimmern auch noch jede kleine Ecke an Gartensäulen zu „säubern". Angst vor Wildwuchs, also unbekannter

Wildnis? Kontrolliertheit. Zur blinden Masse dazugehören zu wollen? Verinnerlichte, medial verbreitete Werbeschönheit? Die Ahnung, zugelassenen Wildwuchs auch im eigenen Selbstverständnis nicht mehr loszuwerden? Vieles ist möglich, vielleicht auch es gar nicht mehr auszuhalten, schlicht nichts zu machen, keine Leistung mehr zu erbringen. Schuldgefühle also, ein fauler Sack zu sein? Oder auch Gewohnheit, alles Leben zur Arbeit zu machen. Im Job an der brummenden Maschine, in der Freizeit an der brummenden Maschine. Mangels eigener Schöpferkraft und eigenem Selbstverständnis, die automatische Fortsetzung des sich freiwillig und frohem Mutes verwertenden Bürgers? Jedoch scheint dieses völlig blinde Folgen, dieses automatische Funktionieren rund um die Uhr sogar als Freiheit und Krönung eigener Entscheidungen gesehen zu werden. Offenbar ist uns auch nur der blasseste Schimmer verloren gegangen, wir sehr wir uns von unserer eigenen Natürlichkeit entfremdet haben. Doch wir sind auch Natur und Wildnis.

So sehe ich eine zu schaffende, menschliche Gesellschaft als eine, die Wildwuchs aushält, in der die Menschen Freude daran haben, wenn ein wildes Pflänzchen im Garten erblüht oder eine Spinne die Hauswand entlang tippelt. Was schlicht der Achtung vor jedem Leben beinhaltet.

Empfindsamkeit

„Reiss Dich zusammen", „Du bist viel zu weich", „Du kannst nicht jeden Käfer retten", diese und viele andere solche Sprüche kennt wohl jeder, ebenso wie die Sprache des Wetterberichtes, in der von Fronten wie im Krieg die Rede ist, wo es darum geht, ob die 20 Grad Celsius Marke geknackt wurde oder von der Sprache des Sports, insbesondere des Fußballspiels, wo der spielerische Aspekt zumindest sprachlich zu Gunsten des Krieges längst verloren gegangen ist. Oder wie anders kann es gedeutet werden, wenn der Gegner zu vernichten sei, ein Bombenschuss den Gegner zu Boden wirft, sich die Verlierer noch lange ihre Wunden lecken werden. Nur Sprache?

Und wie ist es mit Emotionen und Gefühlen? Wie vielen Jungs wurde eingehämmert, ja keinen Schmerz zu zeigen und Tränen schon gar nicht? Von Kindesbeinen an geht es darum, nicht zu zeigen, wie es einem geht, oder, Gefühlstheater aufzuführen, um damit andere Ziele zu verfolgen.

Fast könnte ich versucht sein, zu behaupten, das Psychologie einen Großteil ihrer tatsächlichen Rechtfertigung also gesellschaftlich finanzierter Akzeptanz aus ihrem Potenzial zieht, Warenkonsum zu befördern, Teams effektiver zu verwerten, Menschen grob ausgedrückt blind funktionieren zu lassen bzw. gar willfährig zu machen. Wie anders ist erklärlich, wenn Knödel oder Rührlöffel ebenso mit verführerischen „Rassefrauen" beworben werden, wie Autos oder gar Panzer? Werden da nicht tiefe Empfindungen angesprochen, die besagen, wenn Du diesen Panzer oder diese Knödel kaufst, bin ich Dir frei verfügbar? Auch hier ließen sich unzählige Beispiele und Befindlichkeiten aufzählen, wie Empfindungen von gesellschaftlichen Notwendigkeiten abgespalten oder missbraucht werden. Ja, es darf festgestellt werden, dass selbst so scheinbar unverfälschlich natürliche Eigenheiten, wie Gefühle, von den gesellschaftlichen Grundstrukturen, wie der gegenwärtigen vorgeprägt, also zumindest verzerrt sind. Und dann, wenn sie trügen, wird von Schicksalsschlägen und sonstwas geschwafelt und dabei liegt die Ursache auf der Hand der „Moderne". Am Rande sei nur an die „erotischen" Gefühle erinnert, die mit Blechhäufen verknüpft sind, den Autos.

Deshalb werden natürlich zu einer menschlichen Gesellschaft nicht nur das Zeigen von Emotionen und Gefühlen gehören (natürlich nicht immer und überall, brauchen sie doch auch geschützte Räume), sondern gerade die Voraussetzung gelebter Empfindsamkeiten erforderlich sein, um eine solche Gesellschaft überhaupt haben zu können.

Dunkelheit

Es ist zum Haare ausreißen. Nicht nur, dass es selbst in so einem kleinen Örtchen wie Scheibenberg nirgends einen Winkel noch gibt, wo keine Straßenlampe hinreicht. Selbst im Wald und hinterm Berg wird es nie mehr richtig finster. Überall leuchtet künstliches Licht, auch in tiefster Nacht. Und obwohl ich weiß, was gleich geschieht, wenn ich die Sterne betrachtend um unsere Hausecke komme, trifft mich doch das bewegungsmeldergesteuerte Licht über der Haustüre immer wieder bis ins Innerste. Wenn ich dran denke, schließe ich daher vorher meine Augen. Leider habe ich als Mieter nicht die Macht, dieses Blitzlicht zu entfernen.

Weshalb nur scheut unsere Kultur so sehr die Finsternis? Es können doch nicht die Teufel und Dämonen aus früheren Zeiten sein? Wir sind doch moderne aufgeklärte Menschen, die daran längst nicht mehr glauben, oder? Weshalb aber diese Angst? Ist es die Angst vor Mördern, vor Vergewaltigern, vor Ausländern? Oberflächlich vielleicht. Doch scheint es mir, es ist die Angst vor all den verdrängtem Leben, was dort über uns hereinbrechen würde, vor all den unliebsamen Gedanken und Bildern, die wir auch medial in uns hineingefressen haben. Die Angst vor dem Unvertrauten, wo all die Möglichkeiten zu finden sind, um unser Leben zu beleben, die wir aber mit all dem künstlichen Licht nie zu Gesicht bekommen; schlicht, weil sie mit vorgegebenen Ratschlägen, Gewohnheiten und Überzeugungen ebenso grell überstrahlt werden, wie die Sterne am Himmel. Es ist womöglich sogar die Angst vor dem Tod, der uns ereilt, noch bevor wir unser Leben als erfüllt gelebt haben. Die Ahnung also, unerfüllt das eigene, einzigartige Leben schlicht vor Bildschirmen, in Kaufhallen und in ungeliebten Jobs zu vergeigeln. Denn in einer physikalisch erklärbaren Welt wäre doch keine Angst vor der Dunkelheit, wo sie doch nur Abwesenheit von stumpfsinnigen Lichtwellen sei. Ebensowenig sollte Finsternis doch gläubigen Christen Angst machen, behütet von Gott Vater, Sohn und heiliger Geist. Was für Macht sollte da der Teufel schon haben? Und doch haben sogar Pfarrer fürchterliche Ängste, zumindest vor, ihrer Meinung nach, unseliger Dunkelheit. Weshalb nur? Oder mag es um ihre Glaubensfestigkeit nicht so gut bestellt sein, wenn sie es beispielsweise inbrünstig scheuen, auch nur den Fuß in meine schamanische Praxis zu setzen, trotz freundlicher Einladungen meinerseits an sie?

Aber Dunkelheit gebiert das Licht, sie ist die Mutter aller Farben. Ohne Dunkelheit kein Licht.

Aus vielen Gründen also wird die Erlaubnis für Orte und Zeiten tiefer Dunkelheit ein außerordentliches Kriterium einer zu schaffenden, menschlichen Gesellschaft sein, ja, Freude bereiten und sogar heilsam im Alltag wirken können. Dafür ist es denkbar, dass diese nicht nur gezielt geschaffen, aufgesucht und eingesetzt wird, sondern auch, dass es gesellschaftliche Feste, Gewohnheiten und Möglichkeiten gibt, die Grundlage dieser Gesellschaftlichkeit sind.

Liebe

Ja, die Liebe. Alltäglich sintflutartig aus unzähligen Lautsprechern als unerträgliche Schlager triefend, in ebensolchen Massen in Liebesschnulzen verfilmt und beschrieben. Auch andauernd in den Mund genommen, von christlichen Pfarrern, esoterischen Gurus und fernöstlich angehauchten Möchtegernengeln. „Alles ist Liebe!", heißt es. Ich kann es kaum mehr hören. Selbst der Massenmord an Kindern weltweit, für ein verrücktes Wirtschaftssystem nicht nur billigend in Kauf genommen, sondern betriebswirtschaftlich rentable Notwendigkeit, also bewusst gestaltet, muss noch herhalten, um die anstehende Wandlung als himmlisches Ereignis der unbegreiflichen Gottespläne zu rechtfertigen. Ich könnt' kotzen, wozu Liebe alles der Rechtfertigung dient.

So viel wie über die Liebe geschwafelt wird, so wenig ist sie in der modernen Lebensweise existent. Ganz abgesehen, wie wenig überhaupt darüber nachgedacht wird, was sie denn nun sei. Da werden aus angeblicher Liebe zu den Menschen, Bomben geworfen (Menschenrechtsmärchen), da werden aus Liebe viele Menschen entlassen, um die Wirtschaft am Leben zu erhalten. Da werden aus Liebe Bankfilialen geschlossen, um den Service vor Ort zu erhöhen. Für alles muss Liebe und Menschlichkeit herhalten, wo doch nur ein knallharter Wettbewerb tobt, der durchaus als Vernichtungskonkurrenz bezeichnet werden darf. Dort, wo Konkurrenz die Herrschaft hat, geht es ums Siegen, um nichts anderes, und wer da nicht mitmacht, hat es schwer.

Wie sehr Liebe natürlich von den individuellen Entscheidungen abhängt und getragen wird, steht dabei außer Frage. Doch wie kann sich das entfalten, was wir Liebe nennen, wenn es völlig entgegengesetzt zu den Erfordernissen der finanziellen Existenzsicherung steht? Kein Wunder also, dass mehr oder wenig in den Jahrhunderten des bürgerlichen Zeitalters sich alle, mit Liebe irgendwie zusammen hängenden Beziehungsformen aufgelöst haben. Wenn Individuen von ihrer eigenen Natur entfremdet sind, also kaum mehr Liebe zu sich selbst empfinden können, wie sollte das zum Partner und anderen möglich sein? Dass sich Menschen in der Lage fühlen, sich in die Luft zu sprengen, zu Millionen sich in Kriegen für irgendwelche vermeintlichen Werte ins Feuer maschineller Tötungsinstrumente begeben, hat auch etwas mit eben dieser liebesfeindlichen Form des gegenseitigen Konkurrenz zu tun. Konkurrenz bis in die Familie, bis auf den Wohnstubenteppich, Kind gegen Zeiteffektivität des Vaters usw.

Liebe wird daher zu den grundsätzlichsten Kategorien einer zu schaffenden, menschlichen Gesellschaft gehören. Wohlgemerkt, kein anhaltendes Liebesgeschwafel, sondern gelebte Liebe ohne ein Wort darüber verlieren zu müssen. Übrigens, Liebe heißt bei weitem nicht, nur Gutes zu tun und zu denken, auch das ehrliche Hinschauen auf Schrecken und Hässliches kann Liebe sein, wenn daraus entsprechende menschliche Schlussfolgerungen und Handlungen folgen.

Natürlichkeit

Oh, wo findet sich in unserem alltäglichen Sein, wahrliche, schlichte, herzerfrischende Natürlichkeit
Manchmal gehe ich eine Straße entlang und vor mir, vielleicht hundert Meter entfernt, läuft ein weiterer Mensch. Und dann kann es vorkommen, dass die ganze Straße von künstlichen Deo-, Rasierwasser- oder Parfümgerüchen erfüllt ist. Abgesehen, wie sehr mir das die natürliche Frische der Luft mit

ihren Gerüchen nach Schnee, Wasser, Sommer, Blumen, Wald und Wiese raubt, diese künstlichen Aromen legen sich auf die Zunge und erfüllen die Nase. Sie sind ein medizinischer Reiz, der durchaus in der Lage ist, Krankheit zu provozieren. Quasi negative Aromatherapien. Von Natürlichkeit keine Spur. Doch es kann zu noch Schlimmeren kommen. Täglich Deos unter die Achseln gesprüht, ist in der Lage, tiefe systemischer Erkrankungen zu erschaffen. Man stelle sich nur Jahrzehnten langes Verschließen dieser natürlichen Drüsen vor, die auch eine reinigende Funktion haben. Darunter ein dichtes Lymphgeflecht, direkt verbunden mit den weiblichen Brüsten. Es gehe nicht anders, so heißt es. Es geht! Das erfahre nicht nur ich seit Jahren am eigenen Leib durch Verzicht auf jegliches Deo, sondern viele andere, die es ebenfalls wagten, bestätigen mir: Sie stinken kaum, trotz fehlendem Deo. Das bei Krankheit und Angst, Gerüche auftreten, gehört zur Natur dazu.

Auch um unserer Gesundheit willen, wird eine zu schaffende, menschliche Gesellschaft es alltäglich leben, menschliche Gerüche zu erlauben, ja, sie für ihre menschliche Kommunikation und ihr menschliches Miteinander vorauszusetzen.

Sie künstlich anhaltend zu überdecken bzw. gar zu unterdrücken, wird nur noch in Gruselmuseen erlebt werden können. Natürlich wird dazu auch die Textilindustrie eine völlig andere sein müssen, wenn überhaupt noch von Industrie gesprochen werden kann. Alle Fasern, die Schweißgeruch regelrecht erschaffen, werden der Vergangenheit angehören. Ebensowenig kann es noch eine Mode geben, wie wir sie jetzt pflegen. Die selbst ein wichtiger Faktor der Erdzerstörung darstellt.

Heute wird gebildet im Bildungssystem, aber auch vor Bildschirmen, die uns nach ihren Bildern bilden. In unglaublicher Raffinesse werden fremde, vorgefertigte, ausgewählte und zielstrebig produzierte Bilder und Bildungsmaterialien in uns hineingetragen. Nicht etwa, um uns zu freien, schöpferischen, selbstbewussten Individuen reifen zu lassen, sondern im genauen Gegenteil, uns zu funktionierenden Funktionären zu verbilden, die glauben frei zu konsumieren, zu wählen, zu arbeiten, zu lieben, zu leben und zu lachen.

Allein, wer jeden Abend mehrere Stunden vor Riesenbildschirmen verbringt, bildet sich ein, dieses eingebildete Wissen sei sein eigenes. Bingo! Ist es aber nicht. Und das es noch mit in die Träume genommen wird, während des Träumens man sich entsprechend der Bilder programmiert, wird gar nicht mehr wahrgenommen und erst recht nicht für möglich gehalten.

Vorgestern saß ich in dem Frühstücksraum eines gemütlichen Hotels. Doch dort an der Wand flimmerte am Morgen, wie am Abend ein großer Bildschirm. Entsetzt bemerkte ich nicht nur, wie sehr er meine Aufmerksamkeit fing, sondern wie Angst erschaffen und verinnerlicht wird. Etwa zehn Mal, vielleicht auch mehr, ich habe es nicht gezählt, wurde zuerst ein Unfall gezeigt, in allen Details und anschließend wurde der Hergang digital in 3D nachgestellt abgespult. Dabei wurde eine menschliche Schnittdarstellung eingebaut, um beispielsweise zu zeigen, wie eine Stahlspitze ins Fleisch drang und dort die Pulsader aufriss. Oder wie ein Ertrinkender immer wieder den Rettungsring verfehlte. Sogar aus seiner Sicht, wie er auf einen Brückenpfeiler zuraste, wie sein Kopf aus seiner Sicht unter Wasser gedrückt wurde, fand über den Bildschirm in meine Augen. Und da behaupten immer noch gescheite Experten, es sei unbewiesen, dass Krankheiten von Fernsehbildern erschaffen werden könnten oder Amokläufer sich davon anregen ließen. Ja, aber was ist das anderes als Programmierung zu Angst, Gleichgültigkeit, Gewaltanregung oder Selbstaufgabe mittels Einbildung und Trauminkubation (= Erschaffung von Träumen, die uns heil oder krank machen können)? Und das ich mir während des Wahlkampfes ungefragt andauernd lächelnde Schmalzlocken anschauen muss, weil ihnen einfach nicht zu entrinnen ist, hat auch nichts mit freier Wahl und freier Bildung zu tun.

Und das bürgerliche, heutige Bildung gar nicht zum Ziel hat, freie, gesunde Menschen zu bilden, sondern sie zu freiwilligen Selbstverwertern zu machen ist die Krönung der modernen Einbildung.

Aus diesen Gründen und vielen anderen, wird eine zu schaffende, menschliche Gesellschaft frei sein müssen, von solcher Art von Verbildung, die auf abstrakten Grundlagen beruht und ungefragt ihre Inhalte in uns hineinbildschirmt. Gleiches gilt für die Bildung vorgefertigter Wissensinhalte, die weniger Weisheit zum Ziel hat, denn Anpassung an die gegenwärtigen gesellschaftlichen Erfordernisse des verwertungsorientierten Funktionierens.

Kriterium wird also sein, nichts ungefragt in Menschen hineinzubringen, was diese nicht wollen und ihnen hinsichtlich Lebendigkeit und Sinnerfüllung nicht dient. Auch Lernen ist sinnlich und konkret, spielerisch und ohne Dogmen bzw. Bewertung zu leben. Gut ist das zu beobachten, wie sich kleinere Kinder die Welt aneignen. Neugierig, spielerisch, selbstständig und schöpferisch. Erwachsene begleiten eher, als das sie es ihnen vorgeben.

Einzigartigkeit

So, wie freies Lernen und Reifen, wird Einzigartigkeit in der jetzigen Lebensweise gescheut. Oberflächlich zwar, schreit alles nach Einzigartigkeit, doch bei näherem Hinsehen geht es, wie bei der vermeintlichen Individualität, um Kopien. Man hat zu sein, wie ... Die Funktionsbescheibung dieses Arbeitsplatzes ... Er ist ein Funktionär ... Jeder ist ersetzbar ... usw. Paradox dabei: Diese kreischt vor Individualität, erschafft jedoch nur Kopien, die es jedoch tatsächlich nie geben kann. Irgendwo hörte oder las ich, von einem Indianer, der meinte: Immer von dem eine Gesellschaft am meisten Geschrei macht, von dem hat sie am wenigsten. Nun, wie groß ist das Geschrei von Freiheit, Individualität, Liebe usw.?

Daher wird ein wichtiges Kriterium einer zu schaffenden menschlichen Gesellschaftlichkeit immer die Achtung und Förderung von Einzigartigkeit sein. Sie wird ganz alltäglich die Einzigartigkeit jedes Wesens offenbaren und nicht mehr Grund sein, unterdrückt und zerstört zu werden. Alles wird als originär erkannt und als erwünscht befördert und gelebt sein. So kann sie sich in Gemeinschaft einfügen, weil sie weiß, was sie an sich hat, OHNE sich auf Kosten anderer oberflächlich darstellen zu müssen, wie jetzt der Fall ist.

Vielfalt

Schweift der Blick durch so genannte Supermärkte, könnte der oberflächliche Betrachter tatsächlich an eines der größten und wohl auch tiefsitzendsten Märchen des Kapitalismus, also von Marktwirtschaft und Demokratie glauben, an dessen prinzipielle Beförderung von Vielfalt und Individualität. Aber der Schein trügt. All die Warenberge, all die verschiedenen Formen der Arbeit dabei sein Leben zur Sicherung der finanziellen Existenz einzusetzen, reduzieren sich bei genauerem Blick auf nur ein einziges, gleichmacherisches Kriterium, die Verwertung des Werts zu mehr Wert. Oder anders ausgedrückt, beim Ein- und Verkaufen sind alle genauso gleich, wie bei der Bewertung der Arbeit über die Zeit. Völlig gleichgültig, ob du ein Schwarzer, Grüner, Weißer oder Außerirdischer bist, Du zählst nur als Mensch, wenn Du das nötige Geld dafür hast, es auszugeben. Auch gleiches gilt wiederum, was den Job betrifft. Egal, ob du Babyspielzeug herstellst oder Atomwaffen, Hauptsache, du bekommst Lohn dafür. Somit ist das, was als Krönung der Vielfalt gepriesen und verinnerlicht fest geglaubt wird, tatsächlich die absolute Krönung der Gleichmacherei. Was für Schwachsinn doch dazu, gerade von Liberalen bzw. Neoliberalen geschwätzt wird. Alles wird durch das Nadelöhr der Rentabilität gepresst. Ein Kriterium für die unendliche Vielfalt der Welt. Wie peinlich für uns Menschen!

Ein Unding, was in der jetzigen Gesellschaftsform Alltag ist, dass Kultur, Medizin und High-Tech-Rüstung mit gleichen Wertmaßstäben bemessen werden, betriebswirtschaftliche Rentabilität. Kein Wunder also, dass innerhalb von drei Jahren beispielsweise, Herzoperationen um knapp 40 Prozent zugenommen haben, obwohl absolut nicht die gleiche Steigerung an Herzerkrankungen nachzuweisen war. Warum? Krankenhäuser werden betriebswirtschaftlich geführt und haben daher knallharte wirtschaftliche Interessen. Lebende werden zu Leichen definiert, zur Organausschlachtung. Fast jedes Herzstolpern „muss" von Herzschrittmachern zurecht getaktet werden. Gute Geschäfte, eben. Übersetzt, alle sind vor dem Wert gleich, wenn sie denn noch verwertbar sind. Wer nicht, wie inzwischen in vielen Städten und Regionen der Welt alltäglich geworden, zählt gar nicht mehr als Mensch, weil wertlos. Entweder wertvoll oder wertlos.

Vielfalt, tatsächliche Vielfalt, sowohl oberflächlich als auch vom tiefsten Wesen her, wird ein daher grundlegendes Kriterium für eine menschliche Gesellschaft sein müssen.

Naivität und Gutmütigkeit

Vielleicht mag es für unsere heutigen Ohren seltsam klingen, da Misstrauen und Schlitzohrigkeit zu den Tugenden zählen. Doch gerade deshalb wird eine zu schaffende menschliche Gesellschaft auf gutmütige, auch durchaus naive und vertrauensvolle Menschen setzen, die gar nicht mehr wissen, dass sie das sind, weil es dereinst keine Notwendigkeit mehr gibt, sich in Konkurrenz gegenüber anderen durchsetzen zu müssen, um existieren zu können. Und außerdem, scheint es nicht naiv, in dieser, bis an die Zähne hochgerüsteten und so sehr Konkurrenz und Gewalt verinnerlichten Gesellschaft, von einer menschlichen ohne Geld, Verwertung und Lohnarbeit zu träumen?

Aber gerade daher gilt das Kriterium umso mehr, naiv, gutmütig und vertrauensvoll zu sein; was nicht dumm und unachtsam heißen muss. (Wohl gemerkt, es wird auch dann noch Hinterhalt, Missgunst und Übervorteilung geben, doch nicht mehr als gesellschaftlicher Alltag, gesellschaftliche Erfordernis und gesellschaftliche Struktur und Funktionsweise, sondern als Ausnahme und Abweichung vom menschlichen Dasein.)

Gewolltsein

Wie viele fühlen sich ungeliebt, ja ungewollt und wünschen sich gar deshalb den Tod? Wie viele kommen gerade so über

Reif für den Narrensprung

die Runden, weil sie nicht gebraucht werden, von Maschinen ersetzt, als wertlos geltend. Nein, nicht aus Boshaftigkeit, sondern ganz sachlich rechnerisch von der Betriebswirtschaft vorgegeben. Millionen und Milliarden Menschen sind in der jetzigen Gesellschaftsform wertlos und daher laut bürgerlicher Menschendefinition gar keine wirklichen Menschen mehr. Völlig verständlich also, wenn die noch als Wertmenschen geltenden, die anderen aus dem Land gejagt wollen sehen, oder keiner Träne mehr zum Abendfernsehen mehr fähig sind, wenn ertrunkene, zerbombte Ausländer über den Riesenbildschirm flimmern. Entwertete Menschen eben.

Gerade deshalb aber, wird eine noch zu schaffende menschliche Gesellschaft jeden Menschen die unerschütterliche Gewissheit, gewollt zu sein, schenken müssen. Punkt.

Abschlussgedanke der Kriterienaufstellung

Allein dieses Kriterium, jedem die unerschütterliche, alltägliche, selbstverständliche Gewissheit aus ihrer Struktur heraus zu schenken, DU BIST GEWOLLT; WIE DU BIST und deshalb ist gesellschaftlich für jeden gesorgt, würde genügen, die jetzige Gesellschaft als Ungeheuerlichkeit zu erkennen ABER auch ausreichend sein, um eine menschliche Gesellschaft erschaffen zu können. Nur dieses eine Kriterium!

14. EINE ANDERE GESCHICHTE VOM SÜNDENFALL ADAM UND EVAS

Was ist schon falsch daran, als Gottes Ebenbild nach Erkenntnis streben zu wollen? Und was macht es für einen Sinn, vom Schöpfer dafür bestraft zu werden, wenn man diese Ebenbildlichkeit vollzieht? Irgendetwas ist also nicht logisch bei der bekannten Beschreibung des Sündenfalls. Auch nicht der Frau die Schuld in die Schuhe zu schieben. Dann wäre Adam ja ein ziemlicher Trottel. Und doch verbirgt sich in dieser Geschichte von Adam und Eva eine Wahrheit, die offenbar standhaft übersehen wird. Der Apfel war's! Nein, nicht der Apfel ist schuld am Sündenfall, aber auch nicht die Schlange. Es lag schlicht an der Zuweisung, ein Apfel könne zur Erkenntnis führen. Man brauche nur reinzubeißen und schon sei man weise. Gleiches geschieht alltäglich beim Essen von Tabletten, beim Geld ausgeben für Gesundheit, beim „Fressen" von Fernsehwissen und so weiter. Eva traute sich damals nicht zu, aus ihrer eigenen Gottesebenbildlichkeit heraus zur Erkenntnis zu gelangen. Adam offenbar sowieso nicht. Eva und Adam lieferten sich aus, an einen Apfel. Sie misstrauten ihrer eigenen Bewusstheit und Schöpferkraft.

Und dass zwei Menschen im Spiel waren, verrät noch ein Geheimnis: Es ist insbesondere die gemeinschaftliche Schöpferkraft, auf die verzichtet wurde oder treffender ausgedrückt, die noch nie wirklich angenommen wurde. Mit dem Biss in den Apfel, wurden nicht Adam und Eva, also der Mensch aus dem Paradies vertrieben, sondern der Mensch vertrieb Gott daraus. Das er damit selbst rausflog, ist nur folgerichtig. Er verweigerte seine Göttlichkeit. Er glaubte nicht mehr daran, selbst unmittelbar über alle Weisheit zu verfügen, sein Schicksal bewusst schöpferisch gestalten zu können. Daher übertrug er seine eigenen göttlichen Fähigkeiten auf den Apfel, hoffend, damit Erkenntnis zu erlangen. Was gehörig in die Hose ging.

Erst wenn der Mensch aufhört, sich selbst unter Äpfel und andere Dinge unterzuordnen, sich seinen eigenen (gesellschaftlichen) Schöpfungen auszuliefern, kann er wieder ins Paradies zurück finden.

Seitdem aber steht Gott vor der Tür der Menschenwelt und weint bittere Tränen. Er hätte nicht gedacht, dass sein Ebenbild vergisst, dass es das ist.

15. KLARSTELLUNG SOZIALISMUS

Sozialismus ist zu einem Schimpfwort geworden, noch mehr aber Kommunismus. Das ist ein fürchterliches und doch verständliches Problem, weil natürlich der untergegangene, sich selbst Sozialismus nennende Staatskapitalismus in Osteuropa erstaunlich viel „Scheiße" gebaut hat. Leider kann mit kaum jemanden vernünftig, kreativ und offen darüber gesprochen werden. Entweder wird man sofort als rückwärtsgewandt: „Willst wohl die DDR zurück haben!", unverbesserlicher Träumer: „Der Mensch ist schlecht!" oder dumm und negativ: „Musst nur positiv denken!", verleumdet, angegriffen oder salbungsvoll belächelt; und jetzt, während des „Corona-Wahns" verwandelt man offiziell jede andere Meinung augenblicklich in eine Verschwörungstheorie. Offenbar gelang es, die künstlich geschaffenen, kapitalistischen Grundkategorien so sehr zu verinnerlichen, dass eine Menschheit ohne diese gar nicht mehr vorstellbar erscheint. Selbst, sich als radikal alternativ und kapitalismusfeindlich gebende Menschen und Organisationen, – seien es Umweltaktivisten, Selbstversorgungsasketen oder Liebeskommunarden – überschreiten meist nicht einmal ansatzweise den kapitalistischen Denkhorizont. Offenbar bemerken sie wohl nicht, dass ihre Superalternativen nur auf Basis eben der kapitalistischen Verwertungsprozesse möglich sind. Ändert es etwa etwas vom Prinzip, wenn statt des allgemein gebrauchten Geldes, Punkte, Scheine usw. genutzt werden? Oder, wie soll sich allein eine Stadt wie Berlin selbstversorgen können? Kommen da nicht Mittelstandsträume zum tragen, Hauptsache ich habe zu essen, auf meinem Dreiseitenhof, da oben, irgendwo in den Bergen? Die Vernetzung und industrielle Durchdringung bis hin zu den vermeintlich einfachsten Dingen ist doch viel zu weit vorangeschritten, als das deren Verzicht durch irgend welche Schrebergartenradieschen auch nur ansatzweise ersetzt werden könnte. Wenn schon ein Narrensprung in eine menschliche Gesellschaft, dann mit Herz und Verstand. Damit müssen die modernen Versorgungsketten erst einmal erhalten und bewusst und behutsam umstrukturiert bzw. falls möglich, still gelegt werden. Aber der Glaube, sich selbst versorgen zu können, zeigt die ganze Hartherzigkeit auch dieser Alternativen, nach dem Motto: Glück ist, wenn es den Anderen erwischt.

Aber zurück zum „Sozialismus". Das, was als Sozialismus untergegangen ist, fußte auf einer Utopie, leider auf einer äußerst vereinfachten. Ich weiß, im Nachhinein kann man klüger sein. Aber das ist ja kein Grund, dieses Wissen nicht zu nutzen. Wie in diesem Buch beschrieben, darf daher nicht wieder eine neue Utopie zurecht gezimmert werden, weil auch diese zum gleichen, wenn nicht schlimmeren Ergebnis führen würde. Was keine Behauptung ist, weil wir gegenwärtig erleben, wie die Utopie des Kapitalismus, also von Marktwirtschaft und Demokratie und vom schlechten, nur so angeblich bezähmbaren Menschen grandios grausam vor unser aller Augen scheitert. Auch und gerade durch diese verwirklichte Negativutopie wird allerorten offenbar, zu welchen Perversionen das Festhalten an Utopien führt. Daher führte auch der Zusammenbruch vergangener Utopien, sowohl die vom so genannten Real-Sozialismus, wie auch die der nationalen Befreiungsbewegungen tatsächlich nicht zu den versprochenen Paradiesen, sondern zu hartherzigen Herrschaftsformen und eben zu den bekannten Abstürzen in Armut und Elend.

Doch anstatt ungeschminkt hinzuschauen, warum das so kommen musste (wie gesagt, im Nachhinein festgestellt), wird Kapitalismus vergöttert und Sozialismus verteufelt. Wie soll damit ein Ausweg gefunden werden können? Unmöglich! Werden aber einmal andere, von jeder Ideologie freie Fragen gestellt, drängen sich auf einmal schlüssige Antworten regelrecht in die Tür. Eine der Fragen ist, worin denn wirklich der Unterschied zwischen Kapitalismus und Real-Sozialismus bestand? Und, man ist durchaus verblüfft und, als früherer Anhänger dieses Versuchs auch erschüttert. Plötzlich lösen sich unzählige, vermeintlich unüberwindliche Unterschiede auf und zurück bleibt weitestgehende Übereinstimmung in den kapitalistischen Grundkategorien beider „Systeme". In Anführungszeichen deshalb, weil es gar keine unterschiedlichen „Systeme" waren, sondern zwei Seiten einer Medaille, die beide um Vorherrschaft bzw. Teilnahme am Weltmarkt konkurrierten. Im Westen der Kampf um Erhalt der Vorherrschaft, im Osten der Kampf um Teilhabe am Weltmarkt. Demzufolge waren die östlichen „Sozialismen" nichts anderes als nachholende Modernisierungsdiktaturen ... unter dem Deckmantel des Sozialismus, wohl, weil darunter Menschen hochmotiviert bereit waren, sich für ein Menschheitsideal verheizen zu lassen.

Da selbst vor diesem Zerrspiegel einer menschlichen Gesellschaft heute noch die westlichen Eliten zittern offenbart deren Angst, dass diese doch noch verwirklicht werden könnte!

Weiterhin offenbart sich durch die Frage nach dem Unterschied zwischen Kapitalismus und „Real-Sozialismus", dass in

letzterem die kapitalistischen, betriebswirtschaftlichen Grundkategorien, also Mehrwert (Gewinn), Lohnarbeit, Warenwirt-
schaft, Investition, Wert, Markt usw. ebensowenig beseitigt waren, wie Nationalstaatlichkeit, (Un-)Rechtsprechung usw. Wie
sollte also, mit den gleichen Prinzipien des Kapitalismus, die ja
längst in den Kernländern des Kapitalismus voll und ganz und
effektiv durchgesetzt und von diesen hervorgebracht waren, in
den zurückgebliebenen Ländern des Ostens und gar des Sü-
dens mit „sozialistischen" Appellen, dieser Westen geschlagen
werden? Die Quadratur des Kreises. Der so genannte Real-Sozialismus ist weder an fehlender Marktwirtschaft, noch an mangelndem Sozialismus untergegangen, sondern er ist schlicht in
der innerkapitalistischen Konkurrenz unterlegen gewesen.
Der Systemkonflikt war also gar keiner, sondern ein Konflikt
zwischen zwei unterschiedlichen Wegen, sich am Weltmarkt
zu behaupten. Freilich bot natürlich die unglaubliche Differenz
in den „sozialistischen" (sprich staatskapitalistischen) Ländern
von Anspruch in Worten und Wirklichkeit vielfältigste Möglichkeit des „Westens", nicht nur sich in diesem innerkapitalistischen Konkurrenzkampf als die Besseren durchzusetzen,
sondern zugleich den Traum von einer menschlichen Gesellschaft gänzlich madig und „unmöglich" zu machen. Mehr und
Ausführliches dazu findet sich u. a. bei dem leider verstorbenen
Robert Kurz. Die gesamte westliche Elite mag bei der Todes-
nachricht aufgeatmet haben; oder vielleicht auch nicht, weil offenbar niemand mehr vom Kapitalismus lassen mag. In diesem
Sinne hat die so genannte Linke längst jede emanzipatorische
Legitimation verloren, kann sie sich doch „Sozialismus" immer
nur noch als im Rahmen des Kapitalismus (Marktwirtschaft)
vorstellen. Aber gerade das ist doch spätestens 1989/90 grandios den Bach runter gegangen. Ein großes Wunder, immer
noch daran festhalten zu können. So kann eine menschliche

Reif für den Narrensprung

Gesellschaft nicht möglich werden. Wenn schon Sozialismus, dann richtig. Und das heißt weder sozialistische Marktwirtschaft, ein Unding an sich, wie dieser lächerliche, „sozialistische" Wettbewerb aufzeigte und nie und nimmer zum Erfolg führen konnte, noch mit Geld, Gewinn und sonstwelchen, angeblich nur von kapitalistischen Eigentums- und Verwaltungsformen zu befreienden, kapitalistischen Grundprinzipien. Es kommt doch nicht auf den Namen an, wie die Dinge benannt werden, sondern wie sie wesenhaft funktionieren und sie vom Wesen her wirken.

Daher gab es noch nie Sozialismus im Sinne eines menschlichen Miteinanders und kann es ihn auch nie auf Basis kapitalistischer, sprich fetischistischer Kategorien geben. Allein Konkurrenz und Wettbewerb sprechen Menschlichkeit also Gesellschaftlichkeit an sich Hohn. Aber dazu habe ich hier in diesem Buch ausführlich Bezug genommen.

Und trotzdem darf die Leistung von unzähligen, von Herzen und ehrlich am Aufbau einer sozialistischen Gesellschaftsform glaubender Menschen nicht verurteilt und verdammt werden. Abgesehen, dass es deren Leben und Lebenszeit war, dass alles dafür getan wurde, sie in Blindheit zu belassen, haben sie uns doch, bei allen anderen, auch menschlichen Hinterlassenschaften ein unschätzbares und unbezahlbares Geschenk gemacht. Menschlichkeit findet sich erst wirklich jenseits jeglicher Verwertungslogik und nie und nimmer in der Anpassung des Menschen an Utopien, sondern immer in einem bewussten, sinnlichen und am Leben orientierten, praktischen Aneignungsprozess unserer eignen, schöpferischen Fähigkeiten und Schöpfungen.

Sozialismus, auch im eigentlichen Sinne, kann es daher als einheitlich festgefügtes System gar nicht geben, weil eine tatsächlich menschliche Gesellschaft kein -ismus mehr sein kann, sondern schlichtes, alltägliches, menschliches Dasein. Das gebieten allein die vielfältigsten, an keinem Wert gleichmacherisch zu bemessenden menschlichen und gesellschaftlichen Formen sowie jede Natürlichkeit, die grundsätzlich zu beachten sind.

16. DER „WILLKOMMENE" CORONA-WAHN

Natürlich ist Corona ohne Schuld. Auch Viren sind da und wollen sein. Die Aufgabe ist nicht die Vernichtung dieses „unsichtbaren Feindes" sondern Wege zu finden, auch mit solchen Wesen zu leben. Das ist möglich, sonst wären wir gar nicht da. Eine dumme Allmachtsphantasie, sich kriegerisch als Menschheit aus dem brodelnden Leben herausnehmen zu können.

Weil dieses Miteinander aber nicht damit erreicht werden kann, irgendwelche abstrakten Grundrechte einzufordern oder im Bioladen einkaufen zu gehen, steht auch diesbezüglich die grundsätzliche Kritik des Bestehenden an. Vor allem aber die leider offenbar selbst von vehementen Kapitalismuskritikern (Wert-Abspaltungs-Kritik) unhinterfragten Glaubenssätzen von Medizin und Naturwissenschaft, und hierbei auch die Vorstellungen bezüglich Infektionslehre und Immunsystem. Denn, das Leben kann ganz anders sein und, es gibt stets andere Wege (Medikamente) als die vermeintlich einzig gängigen, was anhand der Heilpflanze Efeu ersichtlich wird.

16.1 Eine andere Erklärung von Infektionslehre und Immunsystem – Symbiose statt Krieg

Eine morgendliche Beobachtung

Das Lied der Amsel ließ mich heute morgen innehalten. Andächtig lauschte ich ihrem Gesang. Für mich einer der schönsten im Vogelreich. Sie hatte ihren Platz auf einem der vielen Stämme gefunden, die soeben erst recht grausam aus dem Wald geholt wurden. Offenbar kümmert sie sich nicht darum, kennt nur das lockende Lied der Liebe. Dennoch beschlich mich ein Gefühl als wolle sie auch mir etwas damit sagen, vielleicht wie:

„Schau, mich kümmert es nicht, was ihr mit dem Wald macht. Unsereins kommt damit zurecht. Aber tut es Euch Menschen gut? Es wäre doch schade, wenn es Euch nicht mehr gäbe, wenn Ihr Euch selbst beseitigt habt. Ihr Menschen, die Ihr die Schönheit meines Liedes erkennen könnt, die Ihr die Schönheit der Welt selbst in Töne kleiden und in Verse schmieden könnt. Wer soll es machen, wenn Ihr weg seid?"

Die Amsel achten wir, wie die Bienen, sie gefallen uns, sind uns nützlich. Andere Wesen, wie Zecken und Viren ernten nur unseren Hass, wir halten sie für vernichtungswürdig. Womit wir nicht umgehen können, was wir häßlich, anders oder nicht fassbar empfinden muss weg. Und dabei hat alles Leben und jedes Lebewesen einen Grund, weshalb es auf dieser Welt ist. Und demzufolge auch unseren Respekt verdient – auch Viren und Zecken. Wohin die Ausdehnung des Konkurrenzprinzips auch auf das nichtmenschliche Leben führt, zeigt der aktuell lehrbuchreife Wahn hinsichtlich der Coronaviren. Wohin führt das? Werden bald Nachbarn misstrauisch beäugt, wenn sie von einer Reise heimkehren? Oder wird es zu Gewalt führen, weil jeder auf Kosten anderer seinen eigenen Arsch retten will? Aber so funktioniert das nicht. Wir sind Menschen und können das nur sein, wenn wir miteinander die Probleme lösen. Andernfalls schädigen wir die Gemeinschaft und damit uns selbst. Konkurrenz war noch nie wirklich eine Lösung. Und auf das gesamte Leben auf Erden bezogen, sind wir auch

Teil davon. Was nichts anderes heißt, dass wir Menschen uns selbst massiv schaden, wenn wir unser Heil zu Lasten des Schadens der restlichen Natur versuchen zu finden. Wozu auch der Krieg gegen Mikroben gehört. Zu glauben und zu versuchen, diese zu bekriegen, ja, auszurotten, ist eine auf Allmachtsfantasien beruhende saudumme Anmaßung. Ohne Mikroben wären wir nicht und können wir nicht sein.

Es braucht andere Wege, die die Achtung vor der Amsel ebenso beinhalten, wie vor dem Wald, den Zecken und den Viren. Selbst dann, wenn wir nicht sehen können, wozu Zecken gut sein mögen. Dann ist es unsere Blindheit für das Recht auf Daseins allen Lebens ohne jedes Nutzenskalkül. Somit bezweifle ich Sinn und Wirklichkeitsnähe des Krieges gegen Mikroorganismen.

Das „hörte" ich heute Morgen im Lied der Amsel.

Zweifel an der Lehrmeinung hinsichtlich Infektionskrankheiten

Keine Angst, ich werde nicht noch einen Artikel zu den vielen hinzufügen, die in Mikroorganismen nur zu vernichtende Gegner sehen. Selbst kritische Beobachter dieser, dem einstigen Hexenwahn gleichenden Hysterie setzen dies unhinterfragt voraus. Es ist also in einer geschichtlich extrem kurzen Zeitspanne gelungen, diese kriegerische Sichtweise so zu verinnerlichen als sei sie ein göttliches Naturgesetz. Sachlich wissenschaftlich ausgedrückt, wird von Infektiologie und Immunologie gesprochen.

Kurz gefasst und einfach ausgedrückt geht es in diesen beiden Lehrgebäuden darum, dass es auf der einen Seite krankmachende, angreifende Mikroorganismen gibt und auf der anderen Seite deren sich zu wehren habende Opfer. Damit ist die theoretische Begründung für einen ständigen Krieg geliefert.

Nun ist es aber in der Welt so, dass Theorien und Lehren niemals die ganze Wirklichkeit abbilden können, sie im historischen Zusammenhang zu sehen sind und natürlich auch durch die Köpfe der momentan in einer konkreten gesellschaftlichen Wirklichkeit lebenden Menschen gehen. Und jetzt gehen sie durch Köpfe, die eine Haltung der Konkurrenz, also der Gegnerschaft ebenso verinnerlicht haben, wie die der Feindschaft gegenüber der unkontrollierbaren Natur (Wildnis). Das zeigt sich überall in unserem Alltag.

Deshalb ist man gut beraten, solche absoluten Wahrheiten, wozu eben auch Infektiologie und Immunologie zählen, recht kritisch zu betrachten. Was ich hiermit wage, indem ich eine andere, nichtkriegerische Sichtweise vorstelle.

Es gilt die Frage zu beantworten, ob diese beiden Lehren die einzig möglichen sind oder ob andere, nichtkriegerische Erklärungen gefunden werden, die vielleicht sogar die Wirklichkeit treffender abbilden und damit, der Gesundheit dienlicher wären.

Wie erwähnt, wird allgemein davon ausgegangen, dass es Mikroorganismen gibt, die salopp ausgedrückt, nichts anderes im Sinn haben als uns fertig zu machen. Damit das nicht geschieht, haben wir demnach ein Immunsystem, welches diese gemeinen Gegner bekriegt, also diese wiederum versucht, abzumurksen. Diese Sichtweise wird allgemein nicht infrage gestellt und dient damit sehr wirkungsvoll der Systemrechtfertigung. Beispielsweise gelten weder die stagnierende Realwirtschaft noch überblähte Börsenwerte als Ursache von Kurseinbrüchen an der Börse und finanziellen Streichungen, sondern DAS Coronavirus. Und schon ist man aus dem Schneider. Dass das Ende der Fahnenstange dieses unmenschlichen Systems erreicht sein könnte, wird nicht wahrgenommen, weil es nicht sein darf. Da kommen die Coronaviren gerade Recht, um die Gründe der bevorstehende Rezension samt Zusammenbruch einer gewaltigen Finanzblase zu vertuschen.

Diese Sichtweise ist ein äußerst wichtiger Baustein in der üblichen Systemrechtfertigung, die Folgen negativ gesellschaftlicher Ursachen für Krankheit, Siechtum und Tod zu verdrängen, indem dafür stellvertretende Gegner herhalten müssen. Kriegerisch sei man ja nur, um sich zu wehren.

Deshalb wundert es mich auch nicht, wenn bei medizinischen Ausbildungen (inklusive zu Heilpraktikern), das kriegerische Bild der heutigen Gesellschaftsform den Lehrkräften als bestens geeignet erscheint, das Immunsystem zu beschreiben. Da ist tatsächlich von dumpfen Streifenpolizisten die Rede, wenn von Abwehrzellen gesprochen wird, von Geheimdienstlern, Spezialeinheiten und stehenden Heeren. Während meiner Ausbildung erlebte ich das selbst. Allerdings kamen mir damals Zweifel, ob dieser medizinische Sozialdarwinismus wirklich zutreffend sein kann, es sich also auch hierbei um eine Übertragung gewohnter, menschengemachter Gewaltstrukturen auf die Biologie handelt. Nicht nur eine schreckliche Vereinfachung samt Rechtfertigung sondern auch eine Beleidigung des Lebens selbst. Aus dieser verinnerlichten Gewaltideologie kann das Immunsystem ja gar keine andere Aufgabe haben als zu vernichten oder abzuwehren. Wie auch Mikroorganismen laut Infektiologie nur terroristische Schweine sein können. Angriff oder Verteidigung.

Dass sowohl Mikroorganismen als auch Immunsystem völlig anders ticken können, stelle ich nun anhand meiner Überlegungen vor, die ich etwas widersprüchlich als Immunstoffwechsel benenne.

Somit beantworte ich die Frage, ob es andere, nicht-kriegerische Erklärungen gibt, eindeutig mit JA!

Im folgenden führe ich eine solche, plausible Möglichkeit in Form einer These auf, die ich als anregende Einladung verstanden wissen will, darüber nachzudenken, sie sachlich zu kritisieren bzw. umfassend auszugestalten, wie sie sowohl die auftretenden Phänomene bei „Infektionskrankheiten" erklären kann als auch welche wirkungsvollen Heilmethoden daraus abgeleitet werden können.

Außerdem versuche ich damit, die derzeit wahnhaft betäubten Hirne und geblendeten Augen etwas beruhigen zu können, um wieder zu sehen und zu begreifen, was hier eigentlich für eine Massenpsychose am laufen ist.

Meine These: Der Immunstoffwechsel

Es gibt keinen plausiblen Grund, das Immunsystem als kriegerisch strukturiert anzunehmen. Unseren Magen samt Verdauungssystem würde auch niemand als kriegerisch betrachten, ebensowenig wie unser Atmungssystem. Beide sind vielmehr Bereiche, in denen im Einklang mit den Prozessen des Lebens das geschieht, was wir Stoffwechsel nennen oder schlicht Wandlung. Wir essen etwas, das wird auf Verdaulichkeit überprüft und was dabei unten durchfällt, wird ausgeschieden. Was drin bleibt, wird wir. Daraus gewinnen wir Energie und Material für unseren Lebens- und Strukturerhalt. Fast kein Mensch käme auf die Idee, dass Brot zu bekriegen … außer vielleicht Menschen, die sich allein von Sonne und Liebe ernähren wollen. Im Atmungssystem erfolgt ähnliches, indem ein Gasaustausch stattfindet. Wir „essen" Sauerstoff und scheiden Kohlendioxid aus. Das nährt uns energetisch. Dazu kommt insbesondere bei uns Menschen der Stoffwechsel unseres Geistes. Auch hier „essen" wir geistige Nahrung, überprüfen sie im besten Falle auf Verdaulichkeit und integrieren das für uns annehmbare, den Rest lassen wir sausen. Weshalb sollte nun das Immunsystem eine völlige Ausnahme bilden, zumal der Mensch eine untrennbare Einheit von Körper-Geist-Seele bildet. Der Magen ist ja gar nicht vom Kopf zu trennen, ebensowenig die Lunge von der Leber, der Kopf von den Nieren und das Herz von den Augen. Völlig unbegründet, weshalb das Immunsystem so anders sein sollte. Deshalb liegt nahe, zu den bekannten, hier aufgezählten Stoffwechselbereichen einen weiteren hinzuzufügen, den Immunstoffwechsel.

Der Immunstoffwechsel, vormals Immunsystem genannt, funktioniert ähnlich wie unser Verdauungssystem. Es nimmt diejenigen Mikroorganismen auf, die es für verdaulich befunden hat und verweigert sich denen, die nicht „schmecken" bzw. unserem Leben nicht dienlich sind. Wir kotzen auch aus, was uns den Magen droht zu verderben. Diese werden entweder als lebendes Inventar verinnerlicht (siehe Haut- und Darmflora usw.) oder verdaut, integriert und deren unverdaulichen Reste ausgeschieden, zum Beispiel über die natürlichen Ausscheidungsorgane, manchmal aber auch als Eiter, Schweiß und anderes. Dabei lernt der Immunstoffwechsel, mit diesen umzugehen, sich nicht zu überfressen oder den Geschmack auch zu verändern. Weiterhin ist bekannt, dass wir hinsichtlich unseres Essens Appetit auf das bekommen, was unser Körper benötigt bzw. auf einmal ablehnt, was nicht benötigt wird.
Auch unserem Immunstoffwechsel darf so etwas wie Appetit unterstellt werden, je nachdem wie unser aktueller Zustand und Bedarf ist. Wir dürften uns demnach ebenfalls über unseren Immunstoffwechsel ernähren. Wird dies verhindert, z. B.

durch übertriebene Hygiene oder verändert, z. B. durch Impfungen und durch Antibiotika, kann es geschehen, dass wir im ersten Falle auszehren und im zweiten uns vergiften. Es werden Tür und Tor für Krankheiten geöffnet, die angeblich verhindert werden sollen. Zufall oder Absicht? Und es ist nicht übertrieben zu sagen, dass genau das zu beobachten ist, siehe allein die Zunahme von Allergien und Resistenzen. Die Betrachtung unseres Immunsystems als notwendigen Immunstoffwechsel lässt viele, bisher unbegreiflich erscheinende Entwicklungen begreiflich werden und bietet andere Ansätze des Umgangs mit uns selbst. Daraus ergeben sich alternative Möglichkeiten der Heilbehandlung und vorbeugend der Gesunderhaltung. Anders ausgedrückt, wir bekriegen dann nicht mehr Mikroorganismen, indem wir uns selbst schwächen, sondern andersherum stärken wir uns, um die Mikroorganismen als willkommene und erforderliche Nahrungs- und Energiequelle wieder so zuzulassen, wie es durch unsere natürliche Herkunft angelegt ist. Da inzwischen durch die verfehlte, kriegerische Herangehensweise allerhand durcheinander gebracht, anfälliger gemacht und verschoben wurde, muss dies natürlich bei einer möglichen Transformation vom bisherigen zum neuen Handeln beachtet werden.

Dass geschwächte Menschen, z. B. durch den Krieg gegen Mikroorganismen, ein brach liegendes Feld für alle möglichen Mikroben sind, liegt auf der Hand. Durch Schwächung bzw. Verzerrung des Immunstoffwechsels (Antibiotika, Pestizide usw.) verliert dieser offenbar zunehmend die Fähigkeit, das „schmeckend" und „riechend" darauf hin zu prüfen, ob es verdaulich ist oder außen vor gelassen werden sollte. Auch hinsichtlich unseres Verdauungssystems kann das wahrgenommen werden. Es geht die Fähigkeit verloren, gesunderhaltende von krankmachenden Lebensmitteln zu unterscheiden, es werden chemische Präparate, Medikamente und sonstwas „gegessen". Die Folgen sind ähnlich und bedingen sich gegenseitig.

Weiterhin gehört die Aufgabe, Wandlungsphasen im Leben der Menschen zu befördern. Dafür werden offenbar Mikroorganismen eingeladen, wie es früher beispielsweise im Falle der Masern bekannt war. Wir sind nicht die Einzelwesen, die wir glauben zu sein und sind damit viel tiefer mit dem Reich der Mikroben verwoben als wir wahrhaben wollen. Unser Körper besteht im Gesunden u. a. aus etwa zwei Kilogramm Mikroorganismen!

Natürlich weiß unser Immunstoffwechsel wenig, von dem, was wir Menschen alles tun, um es zu schwächen, indem wir „Mikrobennahrung" fernhalten. Es kann demnach sein, dass es auch dann Mikroben einlädt, um Wandlungsprozesse zu befördern, wenn es nicht mehr in der Lage ist, dieses verdauend auszuhalten. Es erstickt dann im Zuviel, was wir aktuell infektiöse Krankheit nennen.

Weitere Aspekte könnten beschrieben werden, doch soll das genügen, um eventuell einmal die Welt aus einer anderen Sichtweise zu betrachten.

Was sich daraus ergibt

So, wie kranke, ausgetrocknete Fichtenwälder zunehmend Feuer fangen bzw. von Insekten zerfressen werden, werden wir zunehmend anfälliger, je mehr wir gegen das Leben ankämpfen. Ziel jeder Theorie, wie jeder medizinischen Maßnahme sollte es sein, dass Leben in Einklang mit sich selbst zu bringen. Dazu gehört auch der Respekt vor den Mikroorganismen hinzu, die ebenfalls ein Recht auf Leben haben. Nur unser moderner Glaube lässt sie als böse Feinde erscheinen, die offenbar erst dann wirklich böse werden, wenn wir sie bekriegen. Die, welche mit uns schon immer auf der Erde leben, die, mit denen und wohl durch deren Hilfe wir erst Menschen werden konnten. Lächerlich und für uns kreuzgefährlich zu glauben, wir könnten nicht nur ohne sie überleben sondern wir wären auch in der Lage, Gesundheit im Krieg gegen sie zu erheischen.

Der Wahn, nicht erst seit den Corona-Viren, nimmt groteske Formen an. So besteht die Möglichkeit, sich mit 2.500,- Euro vom Masern-Impfzwang freizukaufen. Obwohl mir nicht bekannt ist, ob es bei fortgesetzter Weigerung zu weiteren Zahlungen kommen soll bzw. was mit freigekauften Kindern geschieht, beinhaltet diese Tatsache, dass offenbar der Gesetzgeber davon ausgeht, dass Strafzahlung die Ansteckungsgefahr beseitigt.

Auf Basis, sich wissenschaftlich nennende Ideologien greifen wir in Lebensprozesse ein, von denen wir schlicht kein Ahnung haben. Zeitigt das unerwünschte Folgen, sind es wieder nicht diese Eingriffe, sondern etwas anderes, z. B. die bösen Mikroorganismen, oder der garstige Bluthochdruck, den es auch ohne Kenntnis der Ursache seiner Erhöhung nach unten gedrückt wird.

Es ist höchste Zeit, sich diesen Wahnideen zu verweigern und anhand der Erfordernisse des Lebens und des menschlichen Miteinanders zu orientieren. Die Möglichkeiten sind seit Ewigkeiten bekannt. Werden wir sie kühlen Kopfes nutzen?

16.2 Die falschen Narren sind los: Test und Einübung des Ausnahmezustandes bei Systemzusammenbruch

Weshalb ganze Länder abriegeln und neue Verhaltensweisen einüben, wenn die aktuellen Daten rund um die

Coronaviren im Vergleich zu anderen Bedrohungen recht geringfügig erscheinen?

Diese Frage stelle ich mir andauernd und betrachte den immer groteskere Züge annehmenden Corona-Wahn innerhalb der kapitalistischen Lebens- und Wirtschaftsweise und deren aktuellem Systemzustand. Dabei fällt allerlei auf. Insbesondere die bereits vor Beginn des Wahns sichtbar werdenden Zeichen für einen neuen, weit drastischeren Systemcrash wie 2008. Bereits damals stand das kapitalistische Weltsystem auf der Kippe, auc, wenn sich daran niemand mehr so recht erinnern möge. Bloß die Abkehr vom neoliberalen Privatisierungswahn – selbst bereits seit den 1980ern eine wahnhafte Reaktion auf die beginnende Systemkrise und erneute Hinwendung zum Staat mit seinen Rettungspaketen in Billionenhöhe – wendete den Zusammenbruch ab. Seither kam das System jedoch nicht mehr zu einem sich selbst tragenden Wirtschaftswachstum. Die Folge, eine weitere Flucht mangels gewinnversprechender Investitionsmöglichkeiten in der Realwirtschaft und damit der Aufbau einer „luftleeren" Finanzblase in atemberaubend größerer Dimension als die geplatzte von 2008.

Aber offenbar hat man aus dem Verlauf der damaligen Krise und deren medialer Darstellung etwas gelernt. Zwar keineswegs, dass das System in seinen Grundlagen jede Tragfähigkeit nicht nur verloren hat sondern in sein Verfallsstadium mangels Mehrwertgenerierung eingetreten ist. Das auch nur zu denken ist tabu und kann nicht sein, weil es nicht sein darf. Nein, man hat gelernt, absolut jeglichen Verdacht systeminnerer Gründe noch mehr zu verschleiern und abzuweisen. Damals war klar und keiner hat's geleugnet: die Pleite eines der systemrelevanten Geldhäuser im Kernland des Kapitalismus, den USA, hat das weltweite Kartenhaus, sprich die in über 30 Jahren aufgebaute neoliberale Finanzblase zum Platzen gebracht. Was nicht zu der falschen Schlussfolgerung verführen sollte, die anderen Staaten seien hingegen die guten kapitalistischen. Ihnen erging es logischerweise auch nicht besser.

Ursachen und Zusammenhänge konnten damals nicht schnell genug vertuscht werden, weil so ein Szenario niemand für möglich hielt und niemand der Systemverfechter darauf vorbereitet war. Man glaubte, in der mikroelektronischen Revolution wieder einmal die technische Superlösung für ewiges, kapitalistisches Wachstum gefunden zu haben. Tja, Pech gehabt, so geht's halt nicht, so sehr es auch beschworen wird. Bis heute! Gelernt hat man demnach daraus, den Grund für den nächsten Crash nicht mehr in Verbindung mit dem kapitalistischen System zu bringen, ganz unter dem bewährten Motto: „Schein statt Sein." Sonst könnten die Menschen womöglich noch auf den Gedanken kommen, es nicht mehr zu wollen und das geht gar nicht.

Und nun kommt der Corona-Wahn wieder ins Spiel. Bereits vor dem so genannten Ausbruch der Erkrankungen standen viele Zeichen auf Rezension, auch der Goldpreis stieg bereits vorher, die Wirtschaftserwartungen wurden permanent zurück geschraubt usw. Was für ein Glück also, endlich einen unsichtbaren, mucksmäuschenstillen Gegner gefunden zu haben, einen, auf den alle lebensfeindlichen Erscheinungen des Systems wundervoll projiziert werden können. Die Ablenkung scheint tatsächlich so gut zu gelingen, dass sich schon mal ein ganzes Land mit reichlich 60 Millionen Einwohnern in stalinistischer Manier abriegeln lässt, ohne dass Aufstände zu befürchten sind. In reichlich hundert Jahren Infektionslehre gelang es, diesen Wahn vor solchen unsichtbaren Gegnern so sehr zu verinnerlichen, damit er für unhinterfragt als der Natur entsprechend und für völlig wahr gehalten wird.

Und siehe da, dass System kann mithilfe von mikrobiellen Gegnern von jeder Schuld an irgendwelchen Finanzcrashs, finanziellen und individuellen Einschränkungen reingewaschen werden. Es geschieht ja alles zum Wohle der Bürger. Verräterisch nur, dass man auf Arbeit zu gehen hat, der Wachstumswahn muss weiter bedient werden, aber mit Freunden darf man nicht mehr zusammen kommen, Großeltern sollen von Kindern und Enkeln unter Quarantäne gesetzt werden und Spaziergänge seien zu unterlassen. Dass alles ist völlig unverhältnismäßig, sowohl in Anbetracht der aktuellen Zahlen, als auch im Vergleich zu anderen Erkrankungen. Was steckt also dahinter, wenn uns nicht supergeheime Informationen vorenthalten werden, die jedoch ebenfalls nur von der vorherrschenden Lehrmeinung getragen sein können. Diese ziehe ich in Zweifel, wie unter 16.1. ausgeführt.

Ziel des Corona-Wahns

Abgesehen von gegenseitigem Anstecken des Wahns, der offenbar gesellschaftlich bedingt wesentlich virulenter ist als jeglicher Virus auf Erden, scheint quasi zwischen den Zeilen manches Kalkül hindurch. Offenbar soll in Anbetracht des sich in Schüben vollziehenden Zusammenbruchs des kapitalistischen Weltsystems, dieses mit allen Mitteln erhalten werden. Weil das wegen des verlöschenden Geldvermehrungsselbstzwecks unmöglich ist, wird offene Gewalt ebenso wieder eine längst sichtbare Möglichkeit, wie die Einschränkung bürgerlicher Freiheiten und, wie jetzt fast lehrbuchhaft die Wiederkehr wahnhafter Konstruktionen. Wiederkehr deshalb, weil die Ähnlichkeit zum Hexenwahn in der Durchsetzungsgeschichte des Kapitalismus so sehr ins Auge springt, wie nunmehr der Corona-Wahn in seinen Zusammenbruchsprozessen. Der vermeintliche Widerspruch zwischen kapitalistischem Wachstumszwang und Stilllegung ganzer Volkswirtschaften löst sich auf, wenn die beiden systemischen Grundlagen in der Krise betrachtet werden, die Mehrwertgenerierung mittels Arbeit und die Konkurrenz als Antriebskraft seines Fortschreitens. Dann ergibt sich bei Absicht des Systemerhalts die schlichte Notwendigkeit alle Restmenschlichkeit zu zerstören um die alltägliche Konkurrenz in eine Vernichtungskonkurrenz zu verwandeln und damit das letzte bisschen Mehrwertpotenzial aus den Menschen herauszupressen. Es sollen offenbar nur noch systemische Inseln und diejenigen Menschen wohlständig übrig bleiben, die sich zur Elite zählen bzw. welche sich rücksichtslos durchsetzen konnten. Der überwiegende Rest wird offenbar zugunsten des Systemerhalts abgeschrieben.

Wie gewohnt dienten dazu unsichtbare Gegner als Begründung, die unsichtbaren Systemzwänge durchzusetzen bzw. zu erhalten. Und stets wurden die Menschen wie Schachfiguren behandelt. Neu ist heutzutage natürlich die Abnahme der Verwertungsmöglichkeit von Mensch und Natur. Heute geht es darum, das letzte bisschen Mehrwert sich unter den Nagel zu reißen, das letzte bisschen Verwertungspotenzial zu erhalten.

Darum haben auch alle vermeintlichen Maßnahmen zur Bekämpfung der Coronviren letztlich nichts anderes zum Ziel, als die bereits längst so sehr vereinzelten und von sich und der Natur entfremdeten Menschen zu absoluten Robotern zu machen, die nur noch eins im Sinn haben: zu arbeiten und ansonsten still zu Hause zu sitzen und ihre Arbeitskraft zu erneuern. Dafür braucht es offenbar nach Ansicht der Funktionseliten nichts weiter als Essen und Arbeit und bestenfalls noch sich medizinisch behandeln (sprich: verängstigen) zu lassen. Genau das ist derzeit genau das, was die in klassischer Manier von Diktaturen und demokratischen Ausnahmezuständen in

Italien verkündeten Maßnahmen beinhalten: auf Arbeit gehen, nicht mit Freunden zusammenkommen und nur in „ernsten" Ausnahmefällen das Haus verlassen. (Wie offensichtlich auch hierbei die Verwandtschaft von Diktatur und Demokratie anhand der recht ähnlichen Vorgehensweise von China und Italien.)

Weiterhin fordert ein deutscher Virologe an vorderster Medienfront dazu auf, die Großeltern nicht mehr der Kindesbetreuung auszusetzen und zu Hause „einzusperren". Nach seiner fürsorglich dargestellten Meinung sollten wir schon mal unser ganzes Verhalten für alle Zukunft derartig verändern. Ja, ja, wie verräterisch: Alles Menschliche abschaffen, damit wir uns für Geld selbst und willenlos verwerten lassen. Wozu soll das aber gut sein, wenn wir nur noch arbeiten, ernähren und arbeiten und ernähren und arbeiten und ansonsten allein zu Hause warten, bis wir wieder arbeiten und essen und uns impfen lassen.

Ein Ausdruck von Schwäche

Offenbar ist das System so instabil, dass jederzeit ein weiterer Schub des – sich über einen ungewissen geschichtlichen Zeitraum vollziehenden – Systemzusammenbruchs bevorsteht. Dafür wird der Ausnahmezustand geprobt, die Menschen daran gewöhnt und deren Verhalten darauf eingeübt. Außerdem wird sicherlich gut beobachtet, wie sich unter diesen Bedingungen verhalten wird, wie Menschen in Schach gehalten werden können, wenn die alltäglichen Gewohnheiten verhindert werden, wenn die Nahrungsketten reißen, die Energieversorgung stockt und wenn letztlich alles das unterbunden wird, was Menschen zum Menschen machte: das persönliche und gesellschaftliche Miteinander.

Wie es scheint, sind wir bereits soweit von unserem Mensch-sein entfernt, dass wir wie die Automaten alles menschliche uns wegnehmen lassen und dennoch weiterhin funktionie-ren, zum Zwecke des Erhalts eines Systems, welches längst in seinen Grundlagen nicht mehr tragfähig ist. Es dennoch zu erhalten, muss wahnhafte Züge annehmen, wie wir sie derzeit erleben. Ganz abgesehen von der zunehmenden Gewalt gegen Alles und Jeden, im Kleinen wie im Großen.

Es hilft also nicht wirklich, z. B. sich allein gegen das Impfen oder für die Aufnahme von Heimatlosen stark zu machen, obwohl das nötig ist, sondern das gesamte System in Frage zu stellen. Wie gesagt, wir werden darauf eingeschworen zu verinnerlichen, auch nach dem Corona-Wahn freiwillig unser Verhalten weiterhin solchen unmenschliche Restriktionen zu unterwerfen, wie sie derzeit in Italien eingeführt werden. Das soll unsere Zukunft sein!

Kaum besser als ein Virologe kann diese Aufgabe uns verkün-den. Das liegt an der weiter oben erwähnten und verinnerlich-ten, eben auf Angst und Krieg beruhenden Infektionslehre. Ein solcher, dem vorherrschendem Weltbild entsprungener „Experte" wirkt daher total glaubhaft. Aber als solche galten die Hexenjäger auch.

Ein konstruiertes Medizinsystem ist in uns verinnerlicht und gilt somit als beste Möglichkeit einen gesellschaftlichen Zom-bie, wie das kapitalistische Weltsystem, weiterhin gewaltsam am Leben zu erhalten; koste es, was es wolle, und wenn es die gesamte Menschheit wäre.

Schlimm: Es sieht so aus, als riskiere es die postmoder-ne Menschheit tatsächlich, sich freiwillig wie die Lem-minge ins „Meer" zu stürzen.

Aber sage niemand, das Problem sei nicht bekannt gewesen!

16.3 Efeu – die Corona-Heilpflanze?

Viele Zeichen deuten darauf hin, dass Efeu (Hedera helix L.) eine besonders heilsame Kraft bei Corona-Infektionen entfalten kann, zumal dessen nachgewiesenes „Arzneimittelbild" pflanzenheilkundlich und auch klinisch vielfältig mit dem Krankheitsbild von COVID-19 überein stimmt.

Fotomontage einer SARS-CoV-2-Darstellung in einen Efeu-Blütenstand /5/

Efeu (Hedera helix L.) gilt als wirksame Heilpflanze für unsere Atemwege. Das ist bekannt. Als mir aber ein älteres Foto des Blütenstandes in die Hände fiel, welches ich in Dresden aufgenommen hatte, schoss mir der berühmte Blitz aus heiterem Himmel durch den Kopf. Ist das wirklich möglich, diese unfassbare Ähnlichkeit mit den allgegenwärtig verbreiteten Darstellungen des aktuellen Corona-Virus? (siehe oben die Fotomontage des Corona-Virus in ein Efeu-Bild) Meine Gedanken überschlugen sich fast. Sofort tauchte einer meiner bevorzugten Erkenntniswege vor meinem geistigen Auge auf, die Signaturenlehre. Sie besagt, dass Formen, Geschmack, Aussehen, Geruch usw. Rückschlüsse auf die innewohnenden Heilkräfte zulassen. Was, wenn Efeu womöglich eine der wirksamsten Heilpflanzen für COVID-19-Erkrankungen wäre? Ich zählte eins und eins zusammen, wälzte Bücher und fand starke Gründe, dass diese Möglichkeit sehr wahrscheinlich ist. Wie weiter unten ausführlich dargestellt, hat Efeu sehr starken Bezug auf die Lungenwege und deren Erkrankungen. Hervorzuheben ist dabei besonders die atemwegsbefreiende Kraft bei Atemnot, die Anregung der Flimmerhärchen und die Verflüssigung zähen Schleims sowie die Veränderung der Oberflächenspannung der Lungenbläschen (Alveolen), was wiederum den Gasaustausch erleichtert, also das Atmen. Hinzu kommt die entzündungswidrige Wirkung, die Hemmung von Mirkoorganismen bzw. auch der Viren. Sogar die pilzwidrige Kraft bei Pilzinfektionen künstlich Beatmeter ist beschrieben, und was gar nicht hoch genug eingeschätzt werden kann, die Regeneration gestörter Immunsysteme. Dies und weitere Indizien malen ein Bild, wie es erstaunlich ähnlich auf die bekannten Symptome bei Erkrankungen im Zusammenhang mit den Corona-Viren bekannt geworden ist.

Heißt das demnach, dass es nicht nur viele Heilpflanzen und andere alternative Heilmittel gibt, an welche durchaus bezüglich COVID-19-Erkrankungen gedacht werden kann, sondern sogar eines, welche wie der Deckel auf den Topf passt? Dies herauszufinden ist freilich Aufgabe dafür offener Ärzte, da allen anderen Heilberufen die Behandlung von Infektionskrankheiten gesetzlich untersagt ist und diese nur vorbeugend, stärkend und aufbauend einwirken dürfen. Doch auch dafür könnte sich Efeu als sinnvoll erweisen und ebenso zur Verringerung möglicher Virenausscheidungen also der Ansteckungsgefahr bei symptomfreiem Verlauf.

Ehe ich jedoch weiter unten auf die Kräfte des Efeu und dessen Anwendungspräparaten eingehe, liegt es mir am Herzen, einiges über die gegenwärtigen Verhaltensweisen verantwortlicher Funktionäre und Medienvertreter zu verlieren; insbesondere über die Behauptungen, es gebe (noch) keine Medikamente für COVID-19-Erkrankungen und es gehe um menschliche Beweggründe für die drastischen Corona-Maßnahmen.

„Keine Medikamente" und Menschlichkeit

So entdeckten offenbar im Zusammenhang mit der sogenannten Corona-Pandemie allerhand Funktionäre überraschend ihre Verantwortung gegenüber „Risikogruppen". Es sei einmal dahingestellt, inwiefern selbigen das Wohlergehen, die Gesundheit und das Leben von Älteren, Armen und Fremden bisher am Herzen lag. Vielmehr nehme ich sie jetzt einfach einmal anhand der häufig geäußerten Aussage beim Wort, es gebe keine Medikamente, werde fieberhaft daran gearbeitet und bis dahin müsse leider wegen der Gefahren so manche Corona-Bekämpfungs-Maßnahme weiterhin in Kraft bleiben.
Allerdings kann diese Aussage nicht als zutreffend betrachtet werden, da es durchaus viele, auch medikamentöse Möglichkeiten gibt, Viruserkrankungen zu behandeln. Vorstehende Aussage bezieht sich offenbar allein auf klinische bzw. schulme-

dizinische Therapiemöglichkeiten. Worauf jedoch nicht hingewiesen wird und was zumindest eine fahrlässige Unterlassung
darstellt, befinden sich selbstverständlich auch Schulmedi-
ziner, Naturwissenschaftler und die sich auf deren Rat bezie-
henden Funktionäre im Interesse der Volksgesundheit in der
Pflicht, sich stets auch mit anderen Therapieansätzen auseinanderzusetzen, also sich diesbezüglich zu informieren. Erst dann
ist es überhaupt möglich eine Aussage zu treffen, ob es bereits
Medikamente gibt, die auch Corona-Viren hemmen können.
Was erfahrungsgemäß nicht geschieht, sondern im Gegenteil
alles, was sich jenseits von schulmedizinischen Medikamenten
bzw. Impfen bewegt entweder per se als unwirksam abgetan,
milde belächelt oder als schädlich verleumdet wird.

Aus dem ergibt sich logisch, dass es mit der verantwortungsbe-
wussten Haltung der verantwortlichen Funktionäre nicht ganz
so weit her sein kann, wie behauptet. Dennoch will ich nicht
von böswilligem Vorsatz ausgehen, sondern auch wegen deren
Sozialisierung von unbewusster Verinnerlichung der schulmedizinisch herrschenden Weltsicht ausgehen. Aber diese
ist nur eine, und nicht einmal unbedingt die beste Abbildung
der Natur und ihrer Kräfte, wozu eben auch Viren zählen. Um
dennoch nicht verleumderisch als esoterischer Außenseiter
von vorn herein beiseite geschoben zu werden, erlaube ich mir
hier auf Basis naturwissenschaftlich-klinischer Forschungs-
ergebnisse eine Heilpflanze vorzustellen, deren Heilkräfte in
der Lage sein könnten, Erkrankungen im Zusammenhang mit
Corona-Viren positiv zu beeinflussen, wenn nicht gar zu heilen: der Efeu.

Zumal dessen nachgewiesenes „Arzneimittelbild" pflanzenheilkundlich und auch klinisch vielfältig mit dem Krankheitsbild

von COVID-19 überein stimmt. Laut der bekannt gewordenen Symptome dieser Erkrankung bei vorgeschwächten Personen, zeigen sich diese die ähnlich von anderen Atemwegserkrankungen, Erkältungen und Grippen, wie Glieder-/Muskelschmerzen, Schnupfen, Husten, Schleimbildung, Atemnot usw.

Deshalb ist es mir ein wichtiges Anliegen darauf hinzuweisen, bei der Behandlung derartiger Infektionskrankheiten auch hochwirksame pflanzliche Arzneien mit in Betracht zu ziehen, und sie nicht von vornherein auszuschließen. Darauf zu verzichten was, siehe die naturwissenschaftlichen und klinischen Studien zum Efeu, selbst aus schulmedizinischer Sicht zumindest ein erheblicher Kunstfehler wäre, wenn nicht lebensgefährdende Verantwortungslosigkeit. Efeublätter erhielten eine Positiv-Monographie der Kommission E und der ESCOP.

Dabei ist es mir wichtig zu bemerken, dass auch mit dem Efeu kein Wundermittel angepriesen werden soll, was es sowieso nie geben kann, sondern die Erweiterung der Möglichkeiten, sich mit den Herausforderungen des Lebens heilsam auseinanderzusetzen, anstatt mit beschränktem Horizont Kriege vom Zaun gegen unsichtbare Wesen zu brechen, die wir Menschen so nie gewinnen können. Somit ist diese Vorstellung des Efeus ein Angebot zur Beschäftigung im Hinblick auf dessen mögliche, coronahemmende Wirkung. Ich selbst kann natürlich bezüglich COVID-19 keine praktischen Erfahrungen vorweisen, weil mir die Behandlung von Infektionskrankheiten gesetzlich verboten ist, also ich leider nur auf die wahrscheinliche Wirkung auf Corona-Viren aufmerksam machen kann. Doch falls sie nicht bereits selbst den Efeu in den Blick genommen haben, finden sich vielleicht unter den offenen Ärzten für alternative Therapiekonzepte welche, die sich dieses Hinweises bedienen. Was mich freuen würde.

Wirkungen des Efeus

Eine bemerkenswerte universitäre Studie über die Wirkungen des Efeus findet sich unter anderen in der PHARMAZEUTI-SCHEN ZEITSCHRIFT, Ausgabe 35/1999! https://www.pharmazeutische-zeitung.de/inhalt-35-1999/titel-35-1999/

Efeu wirkt:

- abschwellend
- atmungserleichternd (auch untere Atemwege)
- antibakteriell (antibiotisch)
- antiviral
- auswurffördernd
- beruhigend
- entstörend
- fiebersenkend
- hustenteizstillend
- immunsystemregenerierend
- krampflösend
- krebsfeindlich
- lymphförderlich
- lungenfunktionsfördernd
- lungenbläschenheilend
- menstruationsregulierend
- pilzhemmend
- schilddrüsenanregend
- schleimlösend
- schmerzstillend
- schweisstreibend
- sekretlösend
- stoffwechselanregend

- vitalisierend
- wundheilend
- zellschützend

u. a.

Efeu wirkt bei:

- Asthma
- Atemnot
- Bronchialkrankheiten
- Bronchitis
- Erkältungskrankheiten
- Geschwüre
- Gicht
- Glieder-/Muskelschmerzen
- Husten
- Immunschwäche
- Keuchhusten
- Krampfhusten
- Lungenentzündung
- Lungenpilz bei künstlicher Beatmung
- Lungentuberkulose
- Reizhusten
- Rheuma
- Zähflüssigem Schleim
- Zellulitis

Nebenwirkungen und Gegenanzeigen sowie Wechselwirkungen mit anderen Mitteln sind nicht bekannt. Frische Blätter und Saft können hautreizend und allergisch wirken und höhere Dosen führen manchmal zu Benommenheit, Tachykardie, Kopfschmerzen, Übelkeit, Erbrechen und Durchfall. In

Schwangerschaft und Stillzeit nicht empfohlen bzw. nur nach ärztlicher Rücksprache.

Anwendungspräparate

Die seit Jahrhunderten gebrauchte (auch von Hildegard von Bingen bereits beschriebene) Heilpflanze wird unterschiedlich angewendet, so die Blätter als Tee, Abkochungen und anderen Extrakten (trocken, flüssig u. a.) sowie als Frischpresssaft. Heilpflanzenanwendungen sollten fast immer zeitlich und mengenmäßig begrenzt eingesetzt werden.

Für Efeu sollte exakte Dosierungen eingehalten werden, so gilt eine durchschnittliche Tagesdosis der (im August und September gesammelten) Blätter:

bei Erwachsenen von

0,3 g.

Bei Kindern gilt folgendes:

0-1 Jahre: 0,02-0,025 g;
1-4 Jahre: 0,05-0,15 g;
4-10 Jahre: 0,1-0,2 g und
10-16 Jahre: 0,2-0,3 g /4/.

Also erstaunlich geringe Mengen, die auch und gerade bei Selbsternten eingehalten werden sollten. Handelsübliche Präparate werden in großer Vielfalt angeboten, wie Tabletten, Tropfen, Salben, Blätter.

Um verantwortungsbewusste Entscheidungen zu treffen, dürfen demnach weder alternative Therapiekonzepte von vorn herein ausgeschlossen, noch die Möglichkeit schwerster Erkrankungen im Zusammenhang mit Viren geleugnet werden. Dogmatismus, Unwissenheit und Leichtfertigkeit haben ebensowenig Berechtigung wie egoistische Rücksichtslosigkeit, wenn es um die Durchsetzung wirtschaftlicher Interessen geht. Leider scheint es zur Gewohnheit geworden zu sein, den eigenen Horizont mit dem Tellerrand enden zu lassen, ganz so, als gäbe es darüber hinaus nichts. Somit verrät letztlich die Behauptung, es gäbe keine Medikamente viel mehr über die Vertreter solcher Meinungen als ihnen leider lieb sein dürfte. Leider aber ist diese Meinung Teil des Mainstreams und patriarchalen Herrschaftssystems, weshalb es ein leichtes ist, diese nicht nur durchzusetzen sondern mit den darauf fußenden Maßnahmen sogar auf breites, vermeintlich fachlich begründetes Verständnis zu stoßen.

Wirtschaftliche Lockerungen gegen Menschenleben aufzuwiegen wäre ebenso menschenfeindlich wie ganze Völker in Einzelhaft zu stecken. Die menschliche Lösung kann demzufolge nicht im vorherrschenden Gesellschaftssystem liegen, sondern im menschlichen überwinden desselben.

Beachte:
Die hier wiedergegebenen Informationen sind nach bestem Wissen und Gewissen dargestellt und wurden mit größtmöglicher Sorgfalt geprüft. Da sie im Bedarfsfalle den individuellen und fachkundigen Rat nicht ersetzen, sondern lediglich der Bildung dienen, ist es erforderlich, sich an den Arzt, Heilprak-

tiker oder Heiler des Vertrauens zu wenden. Wir übernehmen keinerlei Haftung für Schäden oder Folgen, die sich aus dem Gebrauch oder Missbrauch der hier vorgestellten Informationen ergeben.

Bei Corana besteht Meldepflicht bereits bei dem Verdacht auf eine Infektion mit dem neuen Coronavirus SARS-CoV-2. Eine Behandlung ist wegen der Meldepflicht ausschließlich dem Arzt vorbehalten.

17. SCHLUSSFOLGERUNG

Ein Wagnis steht an, so seltsam es klingt, eine Art „Narrensprung" der Menschheit, von dem niemand wissen kann, ob er gelingt. Er kann zu spät sein, zu früh kommen, daneben gehen oder schlicht verpasst werden. Auch weiß nicht wirklich jemand, wohin er führt. Er ist ein Sprung ins Ungewisse. Aber nur dort finden sich die Möglichkeiten und Chancen für das menschliche Überleben der Menschheit.

Und doch ist er kein blindwütiger Akt der Verzweiflung, sondern eine bewusst anstehende Notwendigkeit, wenn wir überleben wollen. Inzwischen ist ja die Krise der jetzigen Daseinsweise so weit herangereift, dass sie uns aller Wahrscheinlichkeit nach in einen barbarischen Untergang reißt. Daher macht es auch keinen Sinn mehr, sich dem Sprung zu verweigern, weil er die einzige Möglichkeit zu sein scheint, uns selbst zu erhalten. Die kapitalistische Logik lässt sich nicht mit ihren eigenen Mitteln austricksen. Um das zu begreifen, braucht es weder prophetische Gaben noch genialen Verstand, sondern nur einen vorurteilsfreien Blick auf die sich beschleunigende, irrwitzige Gewaltspirale, Vernichtungsmentalität, Sinnleere und Naturzerstörung. Nicht zuletzt der wahnhafte Umgang bezüglich Corona zeigt es überdeutlich.

Allerdings werden manche fanatische Priester bzw. Funktionäre dieser Lebensweise ebensowenig freiwillig ihre Hebel der Macht aus ihren Händen legen wollen, wie so mancher lebensbedrohlich Erkrankter trotz eigenen, schmerzhaften Erlebens nicht auf seine, ihn zerstörenden Pillen, Skalpelle und Strahlen verzichtet. Als klassisches Lehrbeispiel dafür dürfte dereinst die so geannte Corona-Pandemie samt Corona-Maßnahmen gelten.

Es sollte klar sein, dass gerade aus dieser gewöhnten Systemlogik heraus, sich wertlos fühlende Individuen und Gruppen, ihren Sinn „lieber" in einer finalen Lebensentwertung suchen, d. h. sich und andere töten werden, als sich dem herausfordernden und unvertrauten Prozess einer Heilung zu unterziehen. Und solche Menschen sitzen auch an den Startcodes von Atomwaffen. Dieser Gefahr muss die notwendig zu schaffende, soziale Bewegung als geeinte Eingreifmacht heilungswilliger Menschen unbedingt gerecht werden, notfalls auch, indem solchen Fanatikern der Verwertung gemeinsam in den Arm gefallen wird. Woher diese soziale Bewegung, diese Eingreifmacht kommen soll, ist mir allerdings gegenwärtig ein großes Rätsel. Zu sehr scheint der heutige Mensch die Grundkategorien des Kapitalismus als naturgesetzliche verinnerlicht zu haben. Doch will ich die Hoffnung nicht aufgeben, eine solche, kraftvolle Bewegung erstehen zu erleben. Was auch, gäbe es für Alternative, als an Ufos, aufsteigende Erdschwingungen oder eben an die Apokalypse zu glauben?

Allerdings und obwohl sie gegenwärtig nicht zu entstehen scheint, ist auch für sie klar zu bestimmen und gilt auch hier:

Menschlicher Lebenserhalt des Einen darf NICHT um den Preis des Abtötens anderer Menschen erfolgen.

Die Natur und das Leben jedes Einzelnen und aller miteinander hat bedingungslos Ziel, Kriterium und Basis jeder Heilung, jeder gesellschaftlichen Wandlung zu sein. Das ist kein bisschen naiv sondern die einzige Möglichkeit, nicht wieder in die zu verlassenden Strukturen zurückzufallen.

Natürlich muss diese Grundsatzerklärung unvollständig sein. Auch Fehler, Irrtümer und Behauptungen werden sich eingeschlichen haben. Noch nie wurde der „Sprung" in eine menschliche, sprich wirklich fetischfreie Gesellschaft gewagt. Alles, was hier steht, ist von innen heraus, aus meiner Sicht, also eines ebenso kapitalistisch sozialisierten Menschenwesens verfasst wurden. Um dann, beim und nach dem „Sprung" herauszufinden, was unvollständig, fehlerhaft, rechthaberisch, ideologisch, nicht handhabbar usw. ist, bleibt nichts weiter übrig als anhand gemeinsamer Gespräche, Überlegungen und Forschungen deren Weiterentwicklungen anzugehen. Also wie gesagt, vor allem durch praktische Erfahrungen während des „Springens" in eine menschliche Gesellschaft klarer zu werden. Dafür haben wir uns durch all die hinterlassenen „Krusten" fetischistischer Gesellschaftsformen hindurchzufressen; was sehr mühselig sein kann und leidenschaftliches Dranbleiben erfordert.

Und doch gibt es mehr als genug an Phantasie, Wissen, Forschungsergebnissen, natürliche und gesellschaftlichen Reichtümern und willige, talentierte, leidenschaftliche und vor allem menschliche Menschen, die in der Lage sind, die Menschenwelt endlich auf die Füße zu stellen, also den „Narrensprung" zu wagen.
Beißen wir in Evas Apfel und genießen seinen guten Geschmack, in der Gewissheit „nur" einen Apfel zu essen, weil wir selbst der Baum der Erkenntnis sind.

18. PHIL BEULENTIEGEL – NARR ODER WEISER?

Kann eine Welt wirklich so verrückt sein, dass sie allen als normal erscheint? Und, kann es sein, dass erst ein vermeintlich einfältiger Typ diese Verrücktheiten sichtbar machen kann? Dann ergibt sich die dritte Frage: Wer ist eigentlich verrückt?

Ist es der Narr Phil – oder sind es diejenigen, denen er unbeabsichtigt den gutpolierten Tiegel vor die Nase kracht, wenn er macht, was er für richtig hält – weil er glaubt, was gesagt wird?

Ihm geht es wie so vielen anderen, er will nur das Beste, aber die alltäglichen Gegebenheiten machen ganz was anderes draus. Es ist aber auch verrückt, wie unsichtbar das vor unser aller Augen Liegende sein kann ... und wie sichtbar etwas gemacht wird, was es womöglich (so) gar nicht gibt!

Und damit wir das sehen, kam Phil Beulentiegel auf die Welt. Lesen Sie nun das

EXKLUSIV-INTERVIEW MIT CORONA!
Geführt von Phil Beulentiegel am 19. März 2020

Phil liebte seine Oma über alles. So wundert es nicht, dass Phil ihre Weisheiten unerschütterlich für wahr hielt. Da gab es nichts zu wackeln. Einer ihrer Lieblingssprüche lautete: Lieber hundertmal reden als einmal schießen. Das Phils Opa da ganz anderer Meinung war, tut hier nichts zur Sache. Jedenfalls wunderte sich Phil eines abends über die Nachrichten: Ein unsichtbarer Feind sei unterwegs, es herrsche Krieg gegen ihn und er rücke immer näher.

Phil trat der Schweiß auf die Stirn. Langsam, im Schnecken-tempo, spreizte Phil seine Beine. Langsam senkte er seinen Oberkörper nach vorn und blickte zwischen seine Beine hin-durch unters Sofa. Nichts! Die Nachricht stimmte. Erleichtert atmete Phil tief ein. Und da hatte er schon gedacht, dieser fei-ne Mensch in Paris, dieser Präsident hätte ihn angelogen. Der Feind war tatsächlich unsichtbar. Sonst hätte Phil ihn unterm Sofa gefunden.

Phil wollte sich gerade entspannt zurücklehnen, als ihn ein neuer Gedanke ins Schwitzen brachte. Was aber, so dachte Phil, wenn auf diesen unsichtbaren Feind geschossen wird, einfach so ins Unsichtbare hinein? Wenn das daneben geht, kann das doch glatt ins Auge gehen, in das eines Freundes vom unsichtbaren Feind. Denn auch Feinde, das wusste Phil genau, haben Freunde. Und Freunden darf man doch nichts antun. Fieberhaft grübelte Phil, bis er sich an Omas Spruch erinnerte, sich lieber zu unterhalten. Also legte sich Phil auf den Fußbo-den und begann zu sprechen.

„Du, Du unsichtbarer Feind, ich habe gar nichts gegen Dich!"

Schweigen. Aber Phil gab nicht auf. Unsichtbare Feinde wa-ren sicherlich auch unhörbar. Und weil Phil ein Lieblingsbuch hatte, eins über einen kleinen Prinzen, wusste er, dass man mit dem Herzen neben dem Sehen auch besser hören konnte. Ganz klar. Phil legte seine Hand aufs Herz und sprach erneut: *„Wie heißt Du eigentlich?"*
Und das Wunder geschah, Phil hörte ihn, den unsichtbaren, unhörbaren, ganz unmöglichen Feind.

„Corona", antwortete der unsichtbare Feind.

„Was für schöner Name, Krone!", entgegnete Phil.

Der unsichtbare Feind seufzte, was Phil als schwermütigen Gemütszustand begriff. So hatte seine Urgroßmutter mütterlicherseits geseufzt.

„Dir geht es nicht gut?", fragte Phil mitfühlend, die Sache mit dem unsichtbaren Feind gleich völlig vergessend.

„Ach", antwortete der, *„Du bist ja der erste, der mit mir spricht. Alle andern schießen gleich."*

Phil war entsetzt und empörte sich: *„Aber meine Oma ..."* wurde jedoch vom unsichtbaren Feind unterbrochen:

„Deine Oma ist eine weise Frau. Darum ist sie auch so alt und gesund, weil sie spricht und mich meine Leben leben lässt."

„Hä?", fragte Phil, der grad gar nichts verstand.

Woraufhin der Unsichtbare erklärte: *„Ist doch ganz einfach, wer gern Leuten begegnet, hält mich am Leben und hilft mir, meine Aufgabe zu erfüllen."*

Nun war Phil total von der Rolle. Er schrie: *„Du elende menschenvernichtende Seuche, Du Mörder, Du, Du unsichtbarer, näherrückender Feind, Du, Du ... !"*

Der Unsichtbare schwieg.

Phil beruhigte sich nach und nach, bis er sich an sein Herz erinnerte und nur damit gut hören könne. Stotternd fragte er kleinlaut: *„Wie meinst Du das?"*

Reif für den Narrensprung

Womit Phil das tat, was ihm seine Oma lehrte und, was jeder tun sollte, ehe er schießt. Darum vernahm er auch wieder den unsichtbaren Feind: *„Euch gesund erhalten!"*

„Da brat mir doch einen Storch!", platzte Phil heraus. Eine Redewendung, die er kürzlich erst bei seiner Lektüre des köstlichen Baron von Münchhausen aufgeschnappt hatte.

„Das muss nicht gleich sein, denke an die Vogelgrippe", erinnerte ihn der Feind augenzwinkernd, wie Phil vermeinte, wahrzunehmen. Nach einer kurzen Pause fuhr der Unsichtbare fort:

„Weißt Du, wenn Du mich und meine unsichtbaren Verwandten einfach nur machen lässt, dann kannst Du wie alle Menschen mit dem Leben Schritt halten."

Phil zog eine Augenbraue hoch und fragte: *„Hat das Leben Beine?"*

Der Unsichtbare schmunzelte ohne auf die Frage einzugehen und erklärte weiter: *„Ich und meinesgleichen sind Verwandlungskünstler. Uns ist einfach langweilig, immer nur im gleichen Kostüm herumzuschwirren. Das weiß eigentlich jedes Kind, also jeder Körper, meine ich."*

Jetzt staunte Phil ehrlichen Herzens. Außerdem, pfiffig wie er auch sein konnte, meinte er: *„Dann habe ich gar keine Chance gesund zu bleiben. Du ziehst Dir ein anderes Hemd an und schwups sterbe ich, weil ich Dich übersehe."*
Phil machte eine begreifende Geste. *„Ah, jetzt hab ich's, darum nennt Euch der feine Präsident 'unsichtbar'"*.

Aufgeregt entgegnete der unsichtbare Feind, auf Phils Sprechweise eingehend: *„Nein, nein, so ist das nicht. Der unsichtbare Feind ist nur im Kopf dieses feinen Mannes, der viel Raum für solche Feinde bietet. Schließlich ist er Präsident und Präsidenten haben immer die größten Köpfe."*

„Was, nur die Männer? – Unser aller Kanzlerin doch auch!", schimpfte Phil und ergänzte: *„Du also auch, ein Frauenhasser!"*

„Freilich, auch sie", bestätigte der Unsichtbare nachsichtig. Dann erklärte er: *„Ihr, ich meine Euer Körper kennt sich damit aus, dass wir uns gern neu anziehen. Zwar schläft er manchmal ein bisschen und ist müde oder auch schwach, dann bemerkt er uns nicht gleich und wird etwas krank. Das ist fast wie ein Versteckspiel, was wir da gemeinsam treiben. Mal sind wir die besseren Verkleider, mal Ihr die schärferen Entdecker."*

Phil staunte und bettelte: *„Auch fein, darf ich da mitmachen?"*

„Machst Du doch längst … und Deine Oma auch!", bestätigte der Virus.

„Hä?", räusperte sich Phil.

„Darum warst Du noch nie wirklich gefährlich krank!"

„Warum?", begehrte Phil zu wissen.

„Begreifst Du es immer noch nicht? Viele schwächere Krankheiten durchzumachen, hilft zumeist schlimmere zu vermeiden. Das ist doch das Spiel, was wir beide brauchen. Und das

klappt nur, wenn Du und alle Menschen zueinander kommt, Euch begegnet, anstatt so Einzeln zu leben und einsam zu sein und lieber liebevoll Bildschirme streichelt, wie Ihr es seit langem seid und tut."

„Du lügst", polterte Phil, „ich nicht!"

„Sag ich doch!"

Phil beruhigte sich, woraufhin ihm dämmerte: „Dann, ja, dann liegt der feine Mann ganz falsch und auch die gute Frau in der Hauptstadt?"

„Klar", bestätigte der Unsichtbare, „Ihr müsst zueinander finden und mich und meinesgleichen ohne Unterlass zwischen Euch auf Tröpfchen hin und her hüpfen lassen. Das macht uns Spaß und hält Euch lebendig."

„Wie Münchhausen auf der Kanonenkugel", freute sich Phil, „und unser Körper vergisst nicht, dass Ihr Euch für Euer Leben gern verkleidet!"

„Genau! Jetzt hast Du's."

„Aber", meinte Phil, „dann bist Du gar kein unsichtbarer Feind?"

„Unsichtbar schon, aber kein Feind! Ich werde nur gefährlich dort, wo Menschen nicht mehr zusammenkommen, einsam sind und das oft viele Jahre, wenn nicht ein Leben lang! Sie vergessen, dass wir uns verändern und sie nur gesund bleiben, wenn sie sich selbst durch uns verändern ..."

„... also lebendig bleiben.", brachte Phil den Satz zu Ende.

„Ja, Menschen können Einzeln nicht, sie werden krank davon. Wir sind an Euren Händen und Eurer Spucke genau so unverzichtbar, wie meine Verwandten in Euren Därmen." Der Unsichtbare machte eine Pause, um zu überlegen. *„Aber die bekriegt und mordet Ihr ja auch schon seit langem, kein Wunder, wenn ich mit meiner schönen Krone manchen von Euch gefährlich werden kann."*

„Da bist Du also ein Geschenk des Himmels?", seufzte Phil traurig, *„dem jetzt so schlimm mitgespielt wird."*

„Keine Bange", meinte der Kronenvirus, *„wir halten länger durch!"*

„Gott sei dank!", sprach Phil erleichtert und hob seinen Kopf samt Oberkörper, um sich erschöpft und doch zufrieden aufs Sofa zu setzen. Dort vernahm er recht leise noch einmal die Stimme des unsichtbaren Freundes, wie er ihn jetzt im Stillen nannte.

Sie sagte: *„Eins macht mich doch traurig. Wenn wir Unsichtbaren unser Werk trotz aller Widerstände und Waffengewalt gegen uns für Euer Wohlergehen getan haben, werden genau diejenigen sagen, die diesen Krieg führen, recht behalten, den unsichtbaren Feind wirksam nieder gerungen zu haben. Ich meine, uns ist das eigentlich gleich, aber auch wir haben ein Herz. Darum schmerzt es uns, wie aufwändig Ihr Menschen alles unternehmt, Euch immer kranker und immer blinder für unseren lebenswichtigen Kleiderwechsel zu machen. Wollt Ihr lebendig bleiben, müsst Ihr zusammenfinden, sonst verliert Ihr Euer Menschsein."* Dann herrschte Schweigen.

Reif für den Narrensprung

Phil hockte da, still, staunend und etwas weiser. *„Sie werden mich für einen Narren halten, Einen Eulenspiegel"*, murmelte Phil betrübt, *„womöglich werden sie mich bestrafen, sogar einsperren, weil ich angeblich Fäk njus verbreite."*

Nachdenkpause.

„Und sie werden jeden Einzelnen noch mehr vereinzeln, dafür Applaus ernten und dabei mit schiefem Lächeln Husten."

Nachdenkpause.

„Und schließlich sagen: ganz für Euer Wohlergehen ist es das beste, wir bringen uns alle um, dann besteht keine Gefahr mehr, an unsichtbaren Feinden zu sterben."

Woraufhin Phil begann zu weinen. Er beweinte nicht sich, aber er beweinte all die fröhlichen Kinder, all die einsamen Alten, er beweinte die frisch verliebten und er beweinte die Mütter und Väter und überhaupt sogar die, wie den feinen Mann im Nachbarland und die gute Mutti in der Hauptstadt, wegen des wichtigsten, was Menschen haben, die Lust auf Gemeinschaft, die Liebe zueinander."

„Danke, Du gekrönter König, Du mein unsichtbarer Freund, für Deinen Rat und Deine Menschlichkeit. Ich werde es weitersagen, auch wenn man mich für einen Narren hält."

PS:
In diesem Augenblick war Phil womöglich der am wenigsten närrische Mensch unter so vielen Narren.

DANK

Eine solch kritische Betrachtung ist ein Risiko, nicht verstanden zu werden, manchen auf den Schlips zu treten, zu kurz zu greifen oder auch zu weit zu gehen. Sei es wie es ist, das Wagnis damit etwas Heilsames zu bewirken, wiegt das Risiko allemal auf. Darin bestärkt zu werden, danke ich von Herzen gern meiner Frau Susann und auch, für ihre kritische Unterstützung hinsichtlich Inhalt und Rechtschreibung. Meinen Eltern danke ich für die mir von Kindesbeinen an vorgelebte Offenheit gegenüber den staunenswerten Wundern dieser Welt, und meinen Kindern sei Dank für das Erleben, mit welcher Lust sie sich hier auf Erden auf Entdeckungsreise begeben.

Natürlich gilt auch mein Dank allen Menschen, Tieren und Pflanzen ebenso, wie allen anderen Kräften der sichtbaren und unsichtbaren Natur, die mich auf ihre Art und Weise immer wieder anstießen, doch endlich meinen Weg zu gehen.

Und nicht zuletzt danke ich dem leider 2012 verstorbenen Robert Kurz und seiner Frau Roswitha Scholz für die Formulierung der Wert-Abspaltungs-Theorie. Obwohl ich beide nicht persönlich kennenlernte, bilden deren Bücher eine wichtige Inspirationsquelle hauptsächlich für den zweiten Teil dieses Buches.

NACHSICHT

Sollte ich jemanden wirklich zu nahe getreten sein, dann ist es keine persönliche Böswilligkeit, sondern schlicht ein ungewolltes Geschehen, was nie völlig auszuschließen ist. Wühle ich allerdings damit auf, bereite gar einige schlaflose Nächte des Nachdenkens und, worüber ich mich besonders freue, folgte daraus eine neue Zuwendung hin zum Leben, dann lag das durchaus in meiner Absicht.

Ich wünsche Ihnen eine gute Heilung und beste Gesundheit sowie natürlich entsprechenden Mut, ein bisschen eckiger und kantiger zu werden als bisher ... was sie mit Humor und Gelassenheit auch auszuhalten vermögen.

„Glick auf!"
Hendrik Heidler, Scheibenberg

Quellenangaben

/1/ Geißler/Quak, Leitfaden Homöopathie, Urban und
Fischer Verlag 2005

/2/ Wichmann, Die andere Wirklichkeit der Homöopathie,
Neue Erde Verlag 2002

/3/ Robert Kurz, Der Tod des Kapitalismus,
LAIKA Verlag Hamburg, 2013

/4/ Siegfried Bäumler, Heilpflanzenpraxis heute,
Urban & Fischer, München und Jena 2007

/5/ Efeu-Fotografie von Hendrik Heidler,
SARS-CoV-2-Grafik von Membeth / CC0

Hendrik Heidler

PHIL BEULENTIEGEL

Ein wahrer Schelmenroman

Von einem, der auszog die Arbeit zu finden

Hendrik Heidler

Die Drei Kreise des Lebens

TraumzeitPraxis

Energetisch mit Pflanzen heilen

HINSCHAUEN – BEREITSCHAFT – TRÄUMEN

HENDRIK HEIDLER
SUSANN HEIDLER

DAS NEUE
KRÄUTERBUCH

HEIMISCHE HEIL- UND KÜCHENPFLANZEN

Mit
TIPPS
Homöopathie

Weitere Informationen
zu Büchern, Veranstaltungen, Gedanken und Praxisangeboten über:

TraumzeitPraxis
SUSANN und HENDRIK HEIDLER
Schamanisch-energetisches Heilen

Lehmannstraße 3, D-09481 Scheibenberg
Tel. 037349 8807, Mobil 0174 3255911
info@traumzeitpraxis.de, www.traumzeitpraxis.de